# 中国传统法律文化中的情理

ZHONGGUO CHUANTONG
FALü WENHUA ZHONG DE QINGLI

杨秋生／著

法律出版社
LAW PRESS·CHINA
北京

**图书在版编目（CIP）数据**

中国传统法律文化中的情理 / 杨秋生著. -- 北京 ：法律出版社，2025. -- ISBN 978-7-5244-0652-5

Ⅰ. D909.2

中国国家版本馆 CIP 数据核字第 2025YS8589 号

**中国传统法律文化中的情理**
**ZHONGGUO CHUANTONG FALÜ WENHUA ZHONG DE QINGLI**

杨秋生 著

责任编辑 赵雪慧
装帧设计 臧晓飞

**出版发行** 法律出版社
**编辑统筹** 法规出版分社
**责任校对** 晁明慧
**责任印制** 耿润瑜
**经　　销** 新华书店

**开本** 710 毫米×1000 毫米　1/16
**印张** 13.5　　**字数** 200 千
**版本** 2025 年 8 月第 1 版
**印次** 2025 年 8 月第 1 次印刷
**印刷** 北京科信印刷有限公司

地址：北京市丰台区莲花池西里 7 号(100073)
网址：www.lawpress.com.cn
投稿邮箱：info@lawpress.com.cn
举报盗版邮箱：jbwq@lawpress.com.cn
销售电话：010-83938349
客服电话：010-83938350
咨询电话：010-63939796


**书号**：ISBN 978-7-5244-0652-5　　**定价**：56.00 元

凡购买本社图书，如有印装错误，我社负责退换。电话：010-83938349

# 序

人类经历了千百万年的进化，在这个流变的世界里，仿佛什么都在不断地改变。但是，根据生物学家的研究，一直不变的是生物的遗传基因。同样的道理，一个大一统的民族国家，可能人们的物质资料的生活方式和社会组织形式会随着时代的变迁，发生巨大的改变，但是文化遗传基因，经历了多少百转千回，颠沛流离，很难有质的变化。

近代以来的西法东渐，必然伴随着与中华法系的竞争。“变法修律”后，随着名教伦理逐渐退出历史舞台，仿佛整个中华法系的骨架、灵魂与神经也全部退出了历史舞台。但是实际上，作为法律框架体系或许难见其身影，但情理法观念作为中华法系的法思维习惯或者说作为其法文化基因，其实一直在中华族群法律社会运转中无所不在。

中国人的法观念不是单一的。范忠信教授认为，“中国人的法观念是一个复合的、多元的观念体系。一说到法，中国人很自然地把它看成是‘法上之法’（‘天理’、‘礼’）、‘法中之法’（律条、律例）、‘法外之法’（伦常之情、人之常情）的总和”。[①] 情理法观念，根源于自给自足的小农经济，发轫于中国古代断狱的司法要求，为我们呈现出了中国古代法律情理化的文化样态，这种法律情理化的文化样态，已深

---

① 范忠信等：《情理法与中国人》，北京大学出版社 2011 年版，引言第 9 页。

深地烙印在我们每一个中国人头脑之中。

近代以来,以理性认知为切入点来了解社会的结构和变迁,逐渐被各家各派学者认同。按照金耀基先生的观点,18 世纪启蒙运动以后,提出理性逐渐取代宗教的地位成为统合社会的力量的观点始于韦伯。“韦伯以理性或理性化为切入点,藉此了解现代社会的结构和变迁,确有画龙点睛和纲举目张的效果。”①卡尔伯格又进一步将理性区分成实践理性、理论理性、实质理性与形式理性。金耀基先生认为,“实质理性(substantive rationality)有时又叫作价值理性(value rationality)、伦理理性(ethical rationality)或规范理性(normative rationality)”,“不是为了解决日常问题而计算手段与目标的关系,而是建基于某些价值信条之上,以某种特定的终极立场或方向为依归”。②“情理法”观念,彰显了在法运行过程中的情理考量的特征,就是这种伦理理性的表征。

西法东渐以来,法律制度体系的建立完善使然,实证主义法律观在法学界渐入人心。实证主义法律观的形式理性,“就是指超越个别的、具体的也是有实质的经验(包括人、事、物和情境等),以普遍的、抽象的规则和可计算的程序为依归,在追求目标的过程中作出合理的安排”。③ 这种形式理性,对于解决外部纠纷是十分有效的,但是从“对心灵秩序的柔性抚慰”④来说,却远远不如中国传统的法律文

---

① 张德胜等:《论中庸理性:工具理性、价值理性和沟通理性之外》,载《社会学研究》2001 年第 2 期,第 34 页。

② 张德胜等:《论中庸理性:工具理性、价值理性和沟通理性之外》,载《社会学研究》2001 年第 2 期,第 35 页。

③ 张德胜等:《论中庸理性:工具理性、价值理性和沟通理性之外》,载《社会学研究》2001 年第 2 期,第 35 页。

④ 汪习根、王康敏:《论情理法关系的理性定位》,载《河南社会科学》2012 年第 2 期,第 28 页。

化孕育的伦理理性来得实在、来得温暖。

中国正处在一个社会转型期。传统与现代法律观念的并存、人的生存与发展的权利的维护、人生秩序的安排就是当代中国民众所处的社会现实"情境"。这一切使得我们对"法治"达到一个近乎迫切的渴望状态,那种渴望的状态需要用什么样的"法意"(法律文化精神)来勾勒这一图画,是一个重要的理论问题。

人类"不同族群有各自不同的对美好生活方式的追求,从而形成了丰富多彩的情理民俗。从这个意义上说,法治绝不仅是一套形式理性规则的堆砌,而且还是因承载了公意性情理而呈现的制度文明"。[①] 从法治实现的角度看,"法治"首先当然是一种"制度文明",但是,这种"制度文明"必须是承载着"公意性的情理"的"制度文明",方能被认可为一种社会良好的状态和图景。而这"公意性的情理"就是各族群与生俱来的、丰富多彩的情理民俗。

实现法治理想,刚性的规则体系不能解决所有问题,前提和基础必须是把情理法这个三位一体的、处于支配地位的中国传统的法观念进行梳理,使其在现代化的中国现实图景下实现融合生长,以坚定法治自信和法文化自信。"法律文化作为文化的基因它或者它们已经不经意地嵌入到了我们的脑子里、外化到了我们的行动中、语言中,旧传统并没有终结,我们所需要的只是创造性的转化。"[②]

因此,在今天中国的社会转型时期,对情理法观念这一中华族群的特有的"伦理理性"进行文化思考就成为一项非常重要的工作,是实现如何用中国自己的法文化思维思考和解决中国自己的现实问题

---

① 汪习根、王康敏:《论情理法关系的理性定位》,载《河南社会科学》2012 年第 2 期,第 31 页。

② 霍存福:《中国传统法文化的文化性状与文化追寻——情理法的发生、发展及其命运》,载《法制与社会发展》2001 年第 3 期,第 16 页。

和人生问题的关键，找到情理法融合生长的生长点和生长方向作为现代法治实现的平衡点和突破口显得尤为重要。

范忠信教授《法律史研究的"文化解释"使命——兼论传统法律史研究的局限性》一文，是对梁治平教授《法律的文化解释》的持续展开。范忠信教授认为："法律史研究的目的，主要就是对一个国家或民族的法律进行文化解释。"[①]强调"法律的文化解释"就是法律史研究的使命。认为"如果把社会对先前法律文化遗物的需要比作移栽植物的话，那么我们法律史学者就不应只是当移栽树木的人，而应当是植物学家和土壤学家，任务是分析历史那块土地上的特定植物的生命机理，分析今天社会土壤的有机化学构成之理，这是一些非常基础的科学研究工作。这就是法律史研究的'文化解释'使命"。[②]范忠信教授同时指出，从1905年梁启超撰写《中国法理学发达史论》开始，100年间法律史研究分成了三种路径：事实描述型、功能价值评说型和文化分析型。其中"事实描述型"研究是一种"还历史本来面目"的研究路径；"功能价值评说型"研究是一种对共同经验的总结和价值的挖掘与传承；"文化分析型"的研究路径是对先前法律的遗物和遗迹进行文化解释，其最终目的是破译一个族群的文化模式或文化构型。梁治平教授按照伽达默尔的哲学解释学思维路径，提出文化解释是一种"强调占统治地位的观念、心态和思想模式"的历史解释。范忠信教授结合克鲁克洪的定义和本尼迪克特的解说，认为法律史研究主要的任务有这样三项：一是要研究一个民族的这种共享的心理态度和行为反应，要总结其规律和特征；二是要研究一个

① 范忠信：《法律史研究的"文化解释"使命》，载倪正茂主编：《批判与重建——中国法律史研究反拨》，法律出版社2002年版，第291页。

② 范忠信：《法律史研究的"文化解释"使命》，载倪正茂主编：《批判与重建——中国法律史研究反拨》，法律出版社2002年版，第297页。

民族与法律最密切关联的生活或行为的样式或模式;三是要研究法律文化的核心即传统法律思想中体现其民族特色的法律价值理念,或者说要破译一个叫作"法律文化模式的大系统"的一串密码。

笔者由此受到启发,因为情理法观这一文化基因正是中华族群共享的心理态度和行为反应,正是中华族群最密切关联的法律生活或法行为的样式或模式,正是中华族群"法律文化模式的大系统"的核心密码,正应当让情理法观作为一种法律文化精神在当今的社会转型过程中发挥伦理理性的作用。换句话说,就是要用中国的法意(法律文化精神)来思考现实中国问题和中国人生问题。

由此,将情理法观不仅作为一种法文化观念,甚至也不仅作为一种法文化性状,而是基于法律文化解释的观点,将情理法观作为体现中国民族特色的法意(法律文化精神)来思考中国的现实问题和人生问题,如何实现事实、规则与法意的圆融,达成"和谐"法理想的实现,坚定法治自信与法文化自信,就成为笔者选择文化思考作为对情理法观的研究角度的原因。

研究法律史的重要任务之一,就是对历史上发生过的法律现象进行合乎事实的解释,以期对现在的社会作出有益的指引,更期待于能够给未来一个正确的方向。对情理法观的研究,一直是法史、法理甚至民法、刑法学界讨论的重要课题之一。目前的研究,主要集中在以下四个方向。

## 一　情理内在蕴涵的事实描述

这方面的研究主要分为两点。

一是对"情"和"理"的内在蕴涵进行描述。

因为"天理"是"理"的最大最高最先最早的概念,是永恒的自然法则,更早一点的法学学者对此有重要的阐释。梁启超认为:"在程度幼稚的社会,固不能无所托以定民志,而况夫既持‘道本在天’之说,则一切制作,自不得不称天而行。”[①]这样有“天”作为起点,对最高理性的信仰就有了寄托。按照陈顾远教授的理解,中国也有自然法思想,认为“中国固有法系源于天意而有自然法精神”。[②] 按照这个思路,天理或等同于西方自然法之“正义”。

在当代,对“情”和“理”进行细致分析和分类思考的学者中有代表性的是汪习根教授。汪习根教授在《论情理法关系的理性定位》一文中,对情理法关系的历史逻辑进行了梳理,并在对“情”和“理”进行内涵分析的基础上,对情理法的关系进行了理性定位,重点是对“情”的两个类别——情意和情感进行了辨析,对“理”的四个类别——原理、定理、公理、道理进行了描述;张卫平教授则从诉讼法或证据法理论上描述了在任何一个案件认定事实的过程中“经验法则”的重要性。

二是对“情理”和“法理”的关系进行理性定位,有代表性的是郭星华教授、范愉教授、杨立新教授和孙笑侠教授。在阐释情理法的关系时,都是将“情理”连用,把“情理”和“法理”作为两种不同的法思维模式来进行论述的。如郭星华教授认为,“情理”以实质理性为特性,而“法理”以形式理性为特性;范愉教授认为法律是理性的产物,同时也是情感的产物;霍存福教授注意到,民法学家杨立新教授曾以《法理与情理》为题,就民事案件中经常遇到的“情理和法理”问题,撰文进行过专门讨论,集中谈了法理和情理的关系以及人们应当怎样对待法理和情理两个问题,提出了“情理是法理的基础,法理是情理的升华”等命题。

---

① 梁启超原著,范忠信选编:《梁启超法学文集》,中国政法大学出版社 2004 年版,第 86 页。

② 陈顾远:《中国法制史概要》,商务印书馆 2017 年版,第 52 页。

## 二　情理在当代中国的功能和价值

“法律史不仅是规范与制度史，更是文化与价值变迁史。法律发展的标志不在于规范形式，再精致复杂的法律规范都可以借助法理学分析工具将其分解为假定、行为模式和法律后果，关键在于支撑法律规范和法律行为变迁背后所折射的日益上升与进步的法律价值。”①

那么，在当代中国，情理的价值何在？范忠信教授指出，法制史的研究，仅仅提供中国古代法制的使用价值是不够的，应当侧重于价值的挖掘和整理，尤其是体现了中国民族特色的、具有特定的借鉴意义的元素，以揭示其与我们民族的生存机理之间的内在联系，然后对其现代功能价值作出评估。

当代中国法学界，对情理法观这一文化基因中“情”和“理”的价值进行了多角度的思考，其中比较有代表性的是陈忠林教授从“常识、常理、常情”的视角探讨了“理”之“经验法则”在法运行中的当代价值；王人博和顾培东教授以及侯欣一教授从“舆论民情”的视角，探讨了“公众情感”在法运行中的当代价值。

陈忠林教授在对情理和法理进行斟酌比较后，尤其是对西方法治传统中的自然法学和实证法学梳理之后，得出了一个结论，那就是无论是自然法学还是实证法学的基本法理都只能推出一个“恶法亦法”的结果，中国现代法治理想的实现，要靠中国人自己的“情理”，而中国情理法传统中的“常识、常理、常情”才是现代法治的灵魂，只有将民众所认同的“常识、常理、常情”之中所蕴含的善恶观念、价值观念渗透到法运行的每一个角落，才能保证人民的权利得到保障，实

① 李龙主编：《法理学》，人民法院出版社 2003 年版，第 62 页。

质正义得以实现。

对于舆论“民情”这种“公众情感”的功能与价值的挖掘整理解析，王人博教授和顾培东教授进行了深邃的思考。王人博教授侧重于从舆论“民情”这种属于公众情感的“表达自由”与依法独立行使司法职权的冲突解决路径的视角。顾培东教授则对“公众判意”这一公众情感的特性、社会原因与条件、实际蕴含、合理性、可能存在的偏失、应有地位六个方面进行了缜密的阐析。更为重要的是，顾培东教授指出，公众表达判意已经成为公众参与政治、参与社会管理、实施司法社会监督的一种重要形式，认为“公众判意不仅应该成为我国法学理论中的重要范畴，更是实践中司法机构将长期直面并受制其影响的生态因素”。

## 三　情理的文化分析

以张晋藩、梁治平、张中秋、霍存福、范忠信、俞荣根为代表的法史学学者从不同层面、不同角度关注了情理法文化精神及其对中国法治建设的影响。例如：梁治平教授著《法意与人情》《法律的文化解释》；俞荣根教授著《儒家法思想通论》；霍存福教授著《中国传统法文化的文化性状与文化追寻——情理法的发生、发展及其命运》；范忠信、郑定、詹学农著《情理法与中国人》。

梁治平教授在《法律的文化解释》一文中提到，梁漱溟先生在1922年出版的《东西文化及其哲学》一书中把文化定义为“民族生活的样法”，而所谓“生活”则归于“没尽的意欲（will）”及其不断的满足与不满足。梁漱溟先生认为，了解文化源头上的“意欲”遂成为文化研究的关键。[①] 梁治平教授认为，“意欲”是一个民族的主观偏好，

① 梁漱溟讲演，陈政、罗常培编录：《东西文化及其哲学》，商务印书馆1987年版，第24页。

它实际上是那种与露丝·本尼迪克特所谓的“文化选择”相近的东西。[①] 基于此,梁治平教授认为文化模式概念包含的最后一层含义是把文化当作类型来把握,实际上他一向看重的观念、心态和价值体系,也是在类型学的意义上被理解的。[②]

在情理法的文化分析上,在理论分析工具的方面,主要是梁治平教授的“法律的文化解释”理论和范忠信教授关于法律史研究分为事实描述型、功能评说型和文化分析型的理论给人以较大的启迪。

在法律文化解释的层面上,侧重于对情理法文化分析的研究成果比较丰富,明确从文化模式角度开展研究的是范忠信教授、俞荣根教授和霍存福教授。范忠信教授比较早地提出了“天理、国法、人情一体”的“支配性法观念”的观点;俞荣根教授提出了天理、国法、人情是一个“三角型链”的法文化观念的观点;霍存福教授则从中华族群的法文化性状,即维持中华族群存在秩序的规范以及适用这些规范内在规律呈现的根本性品格和显著特征的角度,对情理法这一法文化模式进行了深入阐释。

## 四　情理法文化精神的生长方向

当前中国社会,传统与现代的法律观念的冲突、生存与发展权利的维护、中国人生秩序的安排,是当代中国民众所处的社会现实“情境”。

朱苏力教授认为,明晰当代中国的民情,就找到了法治中国的平衡点与突破口。朱苏力教授、顾培东教授对中国的“法意”(法文化

---

① 梁治平:《法律的文化解释》,载梁治平:《法律史的视界——梁治平自选集》,广州师范大学出版社 2013 年版,第 182 页。

② 梁治平:《法律的文化解释》,载梁治平:《法律史的视界——梁治平自选集》,广州师范大学出版社 2013 年版,第 188 页。

精神)进行了深入思考,认为近代以来,尤其是当代的中国民情——中国特色的现代化完全不同于西方的现代化,因此我们在文化领域尤其在法文化领域,就应当积极促进本土资源的现代转化。

张晋藩先生、俞荣根教授、张中秋教授在如何实现事实、规则与法意的圆融这个问题上观点一致,那就是一定要用中国人自身的民族特色的法意,也就是用中国的法思维关注中国人生问题,解决中国现实问题,合理安排中国人生秩序。

张文显教授和张中秋教授为我们设计了以良法善治为表征的"和谐"法理想愿景,其理论和实践模式是"道德人文型法治"。

以上研究成果比较丰富。但是这些研究,第一,没有明确地把情理法观与中国几千年来的法律儒家化的历史紧密结合进行分析;第二,缺乏人类学、哲学视角的考察。因而,对情理法观的理论及实践缺乏从多角度、全方位进行比较研究。

在理论分析工具的使用上,没有把法文化解释与用中国式法思维来思考中国问题与中国人生问题的立场紧密联系起来,所以就难以解释情理法文化观念及实践中蕴含的中国文化特性。

揭示情理法这一法文化基因的历史逻辑,弘扬中国优秀法律文化传统,贯彻"文化自信、文化自觉、文化自强"的方针,挖掘中华族群的法文化内核,找到实现中国特色社会主义法治现代化的平衡点和突破口,推进中国特色社会主义法律体系的建立,实现"和谐"法理想愿景。

我们的现实任务是以"中国的法文化精神思考中国问题和中国人生问题"为立场,解释情理法观这一法文化基因的特点及实践中蕴含的中国法文化特性。

笔者力图证明:中国人的情理法观念,是基于伦理理性的一种法文化精神,它反映了中华族群在法律活动过程中共享的心理态度和行为反应;它是中华族群与法律最密切关联的生活或行为的样式或模式;它体现了中华族群法律思想中"法本人情"和"情法两平"的法律价值核心理念。它完全可以与形式认知理性相衔接,实现事实、规则和法意的圆融,以解决社会转型过程中的中国现实问题,安排好中国人的人生秩序,实现中国当代法治"和谐"法理想设计的美好愿景。

# 目　　录

第一章　揆诸情理的历史逻辑——“缘法而治”　1
第一节　“缘法而治”与法律儒家化　1
一、传统中国的“缘法而治”理论与实践　1
二、法律儒家化的历史演绎　11
第二节　法运行的情理考量与中国法的“内在理据”　20
一、“上稽天理，下揆人情”——法运行的情理考量　20
二、伦理理性——中国法的“内在理据”　28

第二章　中国传统法律文化中的情理蕴涵　35
第一节　法治的骨架、灵魂与神经　35
一、为什么要对三个法观念进行理性定位　36
二、在理性定位之前需对情理法中外历史逻辑的梳理　37
三、须在法治视野之下对“情理”意涵进行辨析　38
第二节　“理”的内在蕴涵　39
一、天理是永恒的自然法则　40
二、传统社会天理——伦理——原理——法理的演绎　42
三、当代法治视野下“理”的类别　44
第三节　“情”的内在蕴涵与本源价值意识分析　51
一、“情”的内在蕴涵　51

二、“情”的本质——主客体交往实践中的“本源价值意识” 59
第四节 情理与法理的理性定位 62
一、两种不同的法思维模式 62
二、形式理性与实质理性(伦理理性)关系的思辨 69

第三章 情理当代价值的思考 85
第一节 “常识、常理、常情”是现代法治灵魂 85
一、“恶法亦法”的规则之治不可取 86
二、“常识、常理、常情”是社会最基本的是非标准和行为准则 88
三、“常识、常理、常情”即良心 89
第二节 舆论“民情”的“生态机理” 91
一、公众舆论的“表达自由”与依法独立行使司法职权 92
二、“公众判意”的生态机理 97

第四章 情理的文化解释 107
第一节 传统中国“差序格局”中的情理选择 108
一、传统中国的“差序格局”社会情境 108
二、差序格局“情境”中的行动选择 112
第二节 情理是中华族群特有的法律生活样式 116
一、“支配性法观念”说 116
二、对“天理、国法、人情”观念“三角型链”的文化分析 121
三、法文化性状说 124
第三节 中国人法律核心价值理念——法本人情与情法两平 136
一、法本人情 136
二、情法两平 142

第五章　情理法文化精神的生长方向　150
第一节　当代中国的法律生活情境与法治自信　151
一、当代中国的法律生活情境——中国问题与中国人生问题　151
二、对当代中国的法意（法文化精神）的思考　156
第二节　事实、规则、法意的圆融与“和谐”法理想的实现　161
一、以民族法律文化精神实现中国法理想　161
二、揆情（理）入法、情（理）法交融——情理法的生长路径　171

结　论　186

参考文献　191

# 第一章　揆诸情理的历史逻辑
# ——“缘法而治”

## 第一节　“缘法而治”与法律儒家化

### 一、传统中国的“缘法而治”理论与实践

许多学者认为,法治是衍生于西方的文化传统,是衡量社会进步、政治文明的尺度。张晋藩先生认为,法之于中国,本源的理念产生要早于西方。在传统的中华法系中,法始终被看作是治国工具,是驭动国家前进的鞭策,是控制国家活动的框架,是衡量是非曲直的客观尺度。因此,“国无法而不立,民无法则不安”。① 张文显教授指出:“在人类历史上,法治有多种形态。在人类历史上,中国古代法家是最早提出‘以法治国’理念的。”②

中国早在三千年前就形成了“以法治国”的概念,“疑罪从无(轻)”的原则很早就开始深入人心。班固在总结周王朝的治国理政的法治思维时说:“昔周之法,建三典以刑邦国,诘四方:一曰,刑新邦

---

① 张晋藩:《重塑中华法系的几点思考——三论中华法系》,载《南京大学法律评论》1999 年春季号,第 70 页。

② 张文显:《和谐精神的导入与中国法治的转型——从以法而治到良法善治》,载《吉林大学社会科学学报》2010 年第 3 期,第 8 页。

用轻典;二曰,刑平邦用中典;三曰,刑乱邦用重典。"[①]"诘"者,据颜师古注云,乃"责"也,有责问、诘问之意。同时又考证,"诘"或作"诰","诰,谨也,以刑治之令谨敕也"。[②] 这样,意思就非常明显了,所谓"建三典以刑邦国",如作"诘",则有"责"之四方,有诫勉之意;如作"诰",则清楚表明,此乃周王敕令,谨以诰知。周穆王时吕侯作《吕刑》,"五刑之疑有赦,五罚之疑有赦,其审克之。简孚有众,惟貌有稽,无简不听",又云"墨辟疑赦,其罚百锾,阅实其罪"[③]。所谓五刑有疑,五罚有疑,均可减等处理,"简孚"者,核验也。核验的对象,"有众"是也。"有众"者,《周礼·小司寇》:"以三刺断庶民狱讼之中,一曰讯群臣,二曰讯群吏,三曰讯万民"。核验时再细小的情节也要谨慎,没有事实根据的,就不要论罪。"罚锾"以代,也就是说,墨、劓、剕、宫、大辟均可"罚锾"以代,"阅实其罪",就是可以解脱、赦免其罪。这里不仅体现了"疑罪从无(轻)",还出现了赎刑的影子。

先秦诸子各自提出了不同的治国理念,法家学派明确地提出了"缘法而治"思想。

春秋早期,管仲明确提出"圣君任法而不任智,任数而不任说,任公而不任私"[④],圣明的君王依据法律来治理国家而不是依据个人的智慧,根据政策来治理国家而不受到议论的左右,同样的道理,治理国家应当依据公意而不能据以私意。因为君王之智是一个人的智慧,法律是众人智慧的结晶,法度之规制应当具有一定的稳定性,不应该受到舆论的影响。公意者,公众意识也,自然不能因私废公。

战国大争之世,作为法家的杰出代表,商鞅、韩非更进一步地提

---

① (东汉)班固撰,(唐)颜师古注:《前汉书》,中华书局 1998 年版,第 925 页。

② (东汉)班固撰,(唐)颜师古注:《前汉书》,中华书局 1998 年版,第 926 页。

③ 王世舜、王翠叶译注:《尚书》,中华书局 2012 年版,第 327 页。

④ (春秋)管仲著,李山译注:《管子》,中华书局 2016 年版,第 243 页。

出了法律至上的理念。在商鞅的理念中，“缘法而治”应当是治国的基本方略。商鞅明确提出“缘法而治”时说：“明王之治天下也，缘法而治……言不中法者，不听也；行不中法者，不高也；事不中法者，不为也。”[①]明智的君主应当依据法律来治理国家。法律是至上的，应当“一准于法”，凡是不符合法的言论，都不应当听；凡是不合法的行为，都不应当赞成；凡是法律所不允许者，都不应该去做。法律面前人人平等的原则也在这时更加明确起来，商君有言：“所谓壹刑者，刑无等级，自卿相将军以至大夫庶人，有不从王令、犯国禁、乱上制者，罪死不赦。”[②]韩非子说：“治民无常，唯治为法”，[③]“国无常强，无常弱。奉法者强，则国强；奉法者弱，则国弱”。[④] 这就将法上升到至高无上的地位，已经将法作为治国的基本方略。

据《史记》记载，楚国出现了坚直廉正严于律己、不惜自杀以尊法的典范石奢。他是楚昭王的相国，在视察的时候，遇到有人杀人，去追捕的时候发现是自己的父亲。放走父亲之后，回来向国君请罪：

> “杀人者，臣之父也。夫以父立政，不孝也；废法纵罪，非忠也；臣罪当死。”王曰：“追而不及，不当伏罪，子其治事矣。”石奢曰：“不私其父，非孝子也；不奉主法，非忠臣也。王赦其罪，上惠也；伏诛而死，臣职也。”遂不受令，自刎而死。[⑤]

---

① （战国）商鞅著，石磊译注：《商君书》，中华书局 2011 年版，第 162 页。

② （战国）商鞅著，石磊译注：《商君书》，中华书局 2011 年版，第 124 页。

③ （清）王先慎撰：《韩非子集解》，中华书局 1998 年版，第 475 页。

④ （清）王先慎撰：《韩非子集解》，中华书局 1998 年版，第 31 页。

⑤ （西汉）司马迁撰：《史记》，中华书局 1999 年版，第 2359 页。

石奢在忠孝之间处于两难之地，为人子，何能亲手捕捉父亲？只好纵之而去。然而国法不可废，即使在国君已经赦免他的情况下，还是自刎而死，以维护法律的尊严。

自汉以来，虽经儒法合体，但一直到明清，乃至西法东渐之前，也从未改变过以法治国这一基本方略。

汉班固有云："鞭扑不可弛于家，刑罚不可废于国，征伐不可偃于天下。用之有本末，行之有逆顺耳。"[①]法者，刑也，一日不可以废于国，家国一体，犹如家中一日不可以放置鞭扑，重点强调"法"的重要性，当然，这时的"法"是以"刑"的面貌出现的。所谓"圣人因天秩而置五礼，因天讨而作五刑。大刑用甲兵，其次用斧钺；中刑用刀锯，其次用钻凿；薄刑用鞭扑"。[②] 因为中国之"法"起于"刑"，最早是在军队中出现的。后于国于家用时虽有轻重，然理同，所谓均不可废也。只有在三代之盛时，才可能出现"刑错而兵寝"的现象，那当是因帝王有德、本末有序之故。

东晋何承天对陈满射鸟误中刘毅案的处理能够严格区分"故意与过失"的犯罪动机，体现了皋陶提出的"宥过无大，刑故无小""与其杀不辜，宁失不经"[③]的法治理念。陈满在射鸟的时候，误射中元帅刘毅，按当时的法律，应该处以弃市。何承天认为狱贵情断，疑罪应当从轻。并援引惊汉文帝舆马案张释之断以犯跸，罪止罚金案例，说明犯罪之人其无心于惊马，因此不能以冲撞帝王乘舆加重处罚。所以陈满射鸟误中刘毅，也不是有心于射中人。按照当时的法律，过失误伤人只判三年刑。况且刘毅并没有受伤，因此只是轻微的处罚就可以了。

---

① （东汉）班固撰，（唐）颜师古注：《前汉书》，中华书局 1998 年版，第 925 页。

② （东汉）班固撰，（唐）颜师古注：《前汉书》，中华书局 1998 年版，第 917 页。

③ 王世舜，王翠叶译注：《尚书》，中华书局 2012 年版，第 359 页。

降至李唐，罪刑法定原则已经被明确规定下来。《唐律疏议》规定：“诸断狱皆须具引律令格式正文，违者笞三十。”①现行刑法颁布的时候，罪刑法定原则作为一个基本原则仿佛刚刚确立，从唐律这一条规定来看，中国封建时期早就有简明的规定，而且比西方罪刑法定主义原则早了十几个世纪。唐太宗与大理寺卿戴胄论法律大信与皇帝失信时，戴胄作为司法官员在司法实践中能够坚持法律原则，抵制君命就是一个明显的例子。唐太宗颁布诏命，有前代勋工或者有军功者可以上报，资荫授予官职，有人虚报，不自首的，全部处以死刑，但是大理寺少卿戴胄却都断了流刑，唐太宗大怒，戴胄答曰：

> 法者，国家所布大信于天下；言者，当时喜怒之发耳。陛下发一朝之忿而许杀之，既知不可而置于法，此乃忍小忿而存大信。若顺忿违信，臣为陛下惜之。上曰：“法有所失，公能正之，朕何忧也。”②

这是司法官员能够谨守律文，深体法意的例子。在戴胄看来，法乃国之大信，君王之言，乃当时喜怒之发，是一时之怒，根本不足以与法律的公正性和稳定性相比。应当“忍小忿而存大信”，否则必将本末倒置而失信于天下，此何以治国？

宋代陈亮评说汉唐宋三朝治国方略时认为，汉代主要是依靠人治，唐代法治与人治并行，而自己所在的宋代，才完全实现了法治。按照陈亮的观点，从汉经唐至宋，实现了从人治到法治的跨越。笔者认为，陈亮的观点表现了在当时的历史背景下法治成熟的历史进程，

---

① （唐）长孙无忌等撰，岳纯之点校：《唐律疏议》，上海古籍出版社 2013 年版，第 476 页。

② （后晋）刘昫等撰：《旧唐书》，中华书局 1999 年版，第 1708 页。

并不是说在汉代就没有法治理念。当然,宋代所谓成熟的法治状态,与近代以来的法治社会也不能直接加以比较。可以肯定的是,当时的立法水平较高,法官具引法条非常准确,出现了较多的具有代表性的司法官员。《名公书判清明集》的出现就说明了这一点。

《名公书判清明集》中的“继母将养老田遗嘱与亲生女案”中,蒋森后娶之妻叶氏将养老田遗嘱与亲生女,蒋森元养之子蒋汝霖状告继母。法官翁甫具引南宋法律规定:

> 在法:妇无子孙年十六以下,并不许典卖田宅。盖夫死从子之义,妇人无承分田产,此岂可以私自典卖乎?妇人随嫁奁田,乃是父母给与夫家田业,自有夫家承分之人,岂容卷以自随乎?寡妇以夫家财产遗嘱者,虽所许,但户令曰:诸财产无承分人,愿遗嘱与内外缌麻以上亲者,听自陈。则是有承分人不合遗嘱也。今既有蒋汝霖承分,岂可私意遗嘱,又专以肥其亲生之女乎?①

此判决具引法条非常准确,对养老田的归属作出了公正判决。按照当时的法律规定,此养老田是蒋森家族产业,虽然后娶叶氏,蒋去世后叶氏应有养老田,然而叶氏去后,此养老田仍然应该由蒋森元养之子蒋汝霖继承,叶氏赠与亲生女,是不符合当时的法律规定的。

长期以来,科举受到各界的诟病,但是科举考试在殿试对策环节,常常考验士人的治国理念和治国方略。明代状元赵秉忠殿试对策笔墨真迹是现存中国科举史上唯一的一份状元卷,是国家的一级

---

① 中国社会科学院历史研究所宋辽金元史研究室点校:《名公书判清明集》,中华书局1987年版,第141页。

文物。赵秉忠在殿试对策中认为，治国应当强调两个方面，一个是“立纲纪”，另一个是“饬法度”。“立纲纪”，强调国家根本大法的重要性；“饬法度”，强调规制法律体系的重要性。在封建社会的科举制度中，有如此明确的法治思想，是难能可贵的。

明清两代，司法官员的基本法律素养进一步提高，合理推断案情，正确适用法律的事例屡见不鲜。

明代陈灌断“漂舟非劫”案：

> 有坐盗麦舟者，论死数十人，灌覆按曰：“舟自漂至，而愚民共取之，非谋劫也。”坐其首一人，余悉减死。①

在该案中，陈灌经过反复勘验认为，运麦子的船只被劫，并不是百姓有预谋的抢劫，而是船只自行漂流而来，愚蠢的百姓哄抢了麦子而已，如果几十个人都将判处死刑，是不合法度的。结果只将首犯一人处死刑，其他的人全部减轻了刑罚。

清嘉庆年间，对于以传教为名的民间教匪叛乱处罚很重。结果出现了误“轿”为“教”案。② 当时民间叛乱的头领被称为“教头”，而抬轿子的夫头叫作“轿头”，安徽怀远突然出现了教匪私下聚会、谋划不轨的案情，并且还有名单，涉案四百余人已经全部逮捕。后经查明，有一个姓赵的贡生，家有亲人出殡，开列名单，委托轿夫王“轿头”去通知，王“轿头”委托雇工李自平替他办理此事，李自平夜宿城隍庙，被巡查官兵捕获，搜出名单，差一点酿成大狱。案情最后查明，被逮捕的四百余人全部获释。

---

① 陈重业主编：《〈折狱龟鉴补〉译注》，北京大学出版社 2006 年版，第 516 页。

② 陈重业主编：《〈折狱龟鉴补〉译注》，北京大学出版社 2006 年版，第 931 页。

由是观之,“缘法而治”的理念在中国不仅出现得较早,而且一直贯穿传统中国社会的始终,从未间断。

中国古代法家对法的理解,与现代西方对法的理解大体是一致的,陈顾远先生认为,西方的“LAW”,翻译成汉文,那一定是“法”。

陈顾远先生梳理了中国“法”本身的发展途径:

法的本意。陈顾远先生认为,法的本意是“刑”,而源于“兵”。陈教授认为,任何民族法的起源都是先刑事法,后民事法,先程序法,后实体法。陈教授引用了《说文解字》和《易经》来说明法的起源和本意。《说文解字》曰:“刑也,平之如水,从水,廌所以触不直者去之,从廌去。”《易经·蒙卦·象传》曰:“利用刑人,以正法也。”所以陈顾远教授说,初民社会事情简单,除了祭祀、斗争以外,最要紧的事情便是对于破坏秩序的人用刑罚加以制裁,这就是法的由起。

法是由谁创立的呢?陈顾远教授认为,根据《事物纪原》卷十,“尚书吕刑曰刑,蚩尤作五虐之刑曰法,至舜乃命皋陶做五刑也,世本曰伯夷作五行误矣,吕氏春秋又谓皋陶作刑也”。陈顾远教授认为,近代许多学者根据《吕刑》的原文“苗民弗用灵,制以刑,惟作五虐之刑曰法,杀戮无辜”得出结论:最初的刑,是苗民所创,就是专对异族而设,对同族的人是不用五刑的。汉人袭用之,所谓“报虐以威”或“以牙还牙”。例如,春秋时期,仓葛就大胆地说道:“德以柔中国,刑以威四夷。”所以流宥五刑,并不是废除了五刑,变成流刑,也不是没有五刑,而是对同族的贵族,不适用严酷的刑罚,改用流刑。

刑起于兵,兵刑本为一。理由是:司马迁在《史记·律书》中,以兵事开始,班固写《汉书·刑法志》,也认为刑始于兵。在古代刑官的称谓上和刑罚的种类方面,也有根据,夏殷周,对于刑官,就叫“司寇”,春秋时期的陈楚,又把“司寇”叫作“司败”,秦汉又把“司寇”改作“廷尉”,《国语》载有臧文仲的话:“大刑用甲兵,其次用斧钺,中型用刀具,其次用钻凿,薄刑用鞭扑。”

法的别义为“常”,而归于“律”。当然,按照陈顾远教授的解释,这里的“常”最初也并不是就是指一切规范之“常”,当然也是指“刑以正邪”之“常”。但是魏国李悝,著《法经》六篇,这本是刑典,既然以法为名,而视为经,那就不难看出,李悝的本意是“范天下之不一归于一”之常就是刑了。另外,“刑”与“型”通,型就是模型,这也就是“铸器之法”,这样法就是“有物有则”这个意思,用现代语来解释,就是自然法。但是儒家把最初自然法的观念,统统归入礼的范围,没有向法的方面进一步发展。比如春秋时候,郑国子产铸刑书,叔向便以“先王议事以制,不为刑辟”进行劝谏,禁锢住型的,孔子也说“民在鼎矣,何所尊贵?”儒家是这样,法家呢? 管仲《七法·律篇》:“尺寸也,绳墨也,规距也,衡石也,斗斛也,角量也,谓之法。”从有实用的李悝的《法经》,到秦孝公时商鞅利用其欲以虎狼之势而吞诸侯的机会,使法家之义绽放光辉,直到汉朝萧何,益为“九章”,才树立起我国两千年间的律统。

这是法的别义为“常”,为什么又说归于“律”呢?这是因为即使是法家,也并没有把刑书作为法的全部,认为刑是法的一部分,所以商鞅接受《法经》以相秦就改法为律,把《法经》的盗法、贼法,改称为盗律、贼律,这就表示法和刑不是同一种事物。

对这一点,我们的理解是,西方的拉丁文“LAW”直接翻译为法,这由于西方人的思维比较简单,并没有把习惯法和成文法,刑法和民法、行政法完全区别开来,全都笼统地称为“法”,不像我们的先贤,思维已经比较复杂,能够进行更精密的分析,所以才导致了礼治和法治平行、互补、共治的现象出现,其实仍然是法治,只不过是把法分成了两种法,并且以律为骨架。

数千年中国之政治,实际上完全具有法治传统,绝不是纯为人治。

陈顾远教授认为，作为举世公认的独立的中华法系，以其卓尔不群的精神，独树一帜于世界之林，这一法系的价值即使暂时难以评定。但在中国，绝对是"有法可说，有治是赖"的！

陈顾远教授说，虽然现代的法治是"国家的组织与统治权的行使均以法律为根据，社会或个人相互间的关系，同样均受法律支配的一种状态，反是者便是人治"，但中国在数千年中，既有形式上的法律，又有实质上的法律，"至少不是撇开了法律，纯然平人为之的"。从形式上的法律来看——我国往昔何尝无法？又何尝不赖而为治，我们固然不应，专凭形式上法的情形，认为现在所说的法治往昔已经有之，但也不应忽略客观事实的存在，认为往昔的中国完全处于人治状态之中。

陈顾远教授首先探究了"律统"建立的根源，并且梳理了"律统"变迁的脉络：从春秋时起，晋国赵盾就有"正法罪"，郑国子产铸刑书，陈顾远教授认为，从这时候起，中国的立法模式就脱离了秘密法的阶段，走上了刑事法的大道。此后魏国李悝，撰次诸国法，著《法经》六篇，商鞅受之以相秦。

律为正统，律乃刑事法，不包括政事（行政）法、民事法。但是律以外，还有存事制的"令"，立政事的"格"，树体制的"式"，申故事的"科"，定组织的"典"。对此，陈顾远教授举例：汉朝的《汉仪》《刺史六条》，晋朝的《尚书十二条》，宋朝的《绍兴贡举法》《绍兴监学法》，明朝的《诸司执掌》《教民榜文》，清朝的《赋役全书》《漕运全书》。

陈顾远教授进一步提到，与现代《宪法》性质相近的有：《晋书》"稽古宪章、大釐制度"，《唐书》"永垂宪则，贻范后世"。因此可以推出一个结论，若说数千年的中国没有现在所说的宪政，这倒也说得过去，要说连立国的根本法都没有，那绝对是应该予以否定的。

陈顾远教授还进一步提到一个现象——“律数百年不足用,以敕令格比为补”。唐宋明清以来,历朝历代的统治动辄数百年。开国君主所定之典则,后世不能骤然改之,秉成宪以为治,但由于情势之变化,所以,后世君主一定要依情理而改法。关于秉成宪以为治,汉朝的张释之说:“法,天子所与天下共者也。”

## 二、法律儒家化的历史演绎

从实质上的法律来看,中国的“礼”就具有实质的法律的性质。陈顾远教授说,“如果一切人与人之间政事民事刑事的关系,均需以法律为其根据才叫‘法治’,那么,处在‘使法必行之法’地位上的‘礼’,处在‘为一切形式法的后备法’的‘礼’,谁能说不是中国法系独具光辉的法治呢!”

陈顾远先生指出:现在的人一谈到礼,常常想的就是仪制、礼饰,即礼之仪、礼之文、礼之貌、礼之容,这些都是礼的外在表象。我们在这里把礼作为实质上的法律来看的话,必须进一步观察礼之义、礼之质、礼之实、礼之节才能看出礼的真正精神,才能明了礼和法的连接关系。陈顾远教授认为,礼即法也。他说:“叫花子狂言头彩,却把藏有中头彩的奖券的破竹竿都抛到河里去,哪知唯一的宝贝就在这破竹竿里!”

刑即律,礼则法,合而为律法也!

礼无法之名,但有法之实:

礼不重于陈其数,而重于尊其义:其一,礼以“为事之宜的义”(情)和“不可易的理”(理)为根据;其二,礼貌的对象是确定各个人间或者集团间应有的分际和纲纪;其三,礼的目的是巩固国家纪律,树立社会秩序;其四,礼的效用是加强个人自制的心理。

所以,可以无形中把礼视为:社会生活而统一的规范;深入人心的一种无文字的合理信条。自天子以至庶人，一切人事上的关系无不以礼视为归。

所以，我国数千年来，不是人治，而是礼治，而礼治则法治也！

礼能使“统治的人不知有法能行法，使被统治的人不知有法而能守法”，这样就已经收到了法治的效果，虽然没有法治的式样！

赵晓耕教授认为，“‘礼法’二字是描述儒家传统思想与中国古代法律彼此之间关系的点睛之语”。[①] 中国古代法律从产生之日起，是以礼为表象的。上古三代，周礼规定了天下秩序，礼法合体。周王朝式微之后，战国大争，法家的“法治”思想迅速发展并在大争之世翻开了一页新的历史。商鞅的战时法治思想奠定了秦一统天下的基础。秦二世而亡，从汉以后，由于儒家思想逐渐深化，从春秋决狱开始，引礼入法，这是一个非同小可的现象，礼法渐渐合拢，曹魏制律为明显的转折点，历经晋朝以及北魏北齐而隋唐承之。“到唐代，礼法完全融合在一起。自唐朝至清代，一直延续着礼法融合的传统。”[②] 但自清末礼法冲突以来，经历了尘世一个世纪的纷乱，两者又一直处于游离状态。在这个过程中法律是显性的——情与理是隐性的；法律在前台——情与理在后台。

礼在最初只是祭祀的仪式，是一种风俗习惯，由于当时的社会生产能力比较低，人们在精神文化层面上对风雨雷电等各种自然现象充满了敬畏，生老病死充满了神秘。因此，礼虽然是一种宗教仪式，但逐渐成为一种统治社会的手段。按照黄宗羲的观点，这时的礼法合体，不必严刑峻法而天下有秩序运行之，乃“无法之法”，法在情中。

---

① 赵晓耕：《儒的法律化——冲突与融合》，载《山西大学学报（哲学社会科学版）》2001 年第 3 期，第 89 页。

② 赵晓耕主编：《观念与制度：中国传统文化下的法律变迁》，湘潭大学出版社 2012 年版，第 17 页。

降至西周，周公制礼，礼开始渗入整个社会的政治、经济、文化生活各个层面，这时候法以刑的面貌出现，与礼同为国家法律形式。所谓“治之经，礼与刑，君子以修百姓宁。明德慎罚，国家既治，四海平”。[①] 吕丽教授认为，《官礼》与《仪礼》已经分别规定了国家的典章制度和礼节形式，《官礼》规定以官制为核心的典章制度，为“经邦之轨则”，《仪礼》规定冠、婚、丧、祭、射乡、朝聘等方面的礼节仪式，为“庄敬之楷模”。“而刑乃是贯彻执行官礼与仪礼的后盾。”[②]

春秋战国时期，百家争鸣，至于战国末期，终于在大争之世，法家思想占了上风，唯法以治世思想被迅速传播。韩非曰：“寄治乱于法术，托是非于赏罚，属轻重于权衡。不逆天理，不伤情性。”[③]至秦代，法家思想逐步取得了中心思想的地位，礼和法分道扬镳。但严刑峻法，法术诈力可得天下，但不可以霸道治之，严法无情，盛世不久，这在秦朝的覆亡之中得到了验证。

“法律之儒家化，汉代已开其端。”[④]经历了汉初的黄老思想短暂火花之后，汉代儒学又恢复了其正统地位，到晚清之前一直显示出强大的生命力。瞿同祖先生认为，“自汉武标榜儒术以后，法家逐渐失势，而儒家抬头，使儒家主张借政治法律的力量永垂不朽”。[⑤] “礼法合治”“德主刑辅”，强调治理国家要将教化与法律相结合，反对不教而诛。这一思想一直伴随着历史变迁的始终。

春秋决狱，情理思维开始逐渐渗透到法律活动之中。

赵晓耕教授认为，“西汉‘春秋决狱’为代表的儒法合流（既可视

① 张觉：《荀子译注》，上海古籍出版社 2012 年版，第 363 页。

② 吕丽：《独树一帜的中国古代法》，载《检察日报》2011 年 6 月 9 日，第 3 版。

③ （清）王先慎撰：《韩非子集解》，中华书局 1998 年版，第 209 页。

④ 瞿同祖：《中国法律与中国社会》，商务印书馆 2016 年版，第 380 页。

⑤ 瞿同祖：《中国法律与中国社会》，商务印书馆 2016 年版，第 380 页。

为两种思想的融合，亦可视为儒的法律化，因为传统的法家思想经过战国、秦以至汉初已经被‘固化’为法律了）。这种结果造就了中华法系，产生了独树一帜的法律文化——礼法”[①]。陈顾远先生曾指出中国法系的躯体是由法家创造，而生命是儒家所赋：“中国固有法系之存在，由法家创造其躯体，由儒家贯注其灵魂，乃儒法两家合作之成绩也。”[②]

汉代兴起的春秋决狱使得“断狱以情”的过程加快。这样，情理断狱在汉代开始盛行。在司法上，更将人情演绎得淋漓尽致。统治者常常曲法以尽人情之举来作为其实行仁政或德政的体现。比如，董仲舒所倡导的“春秋决狱”施行的原心定罪，即考虑犯罪动机是否合乎礼教所提倡的人情，使得“原情”的理念，在案件审判中显得越来越重要。如甲为救父误伤父乙案：

> 甲父乙与丙争言相斗，丙以佩刀刺乙，甲即以杖击丙，误伤乙，甲当何论？或曰殴父也，当枭首。论曰：臣愚以父子至亲也，闻其斗，莫不有怵怅之心，扶杖而救之，非所以欲诟父也。《春秋》之义，许止父病，进药于其父而卒，君子原心，赦而不诛。甲非律所谓殴父，不当坐。[③]

在本案中，甲为救父，以杖击丙，误伤父乙。按当时殴打父亲的罪名，应当枭首问罪。董仲舒提出了一个著名的原则，那就是“原心定罪”，也就是推原犯罪的动机，甲虽然误伤父乙，表面上犯了人伦大

---

① 赵晓耕：《儒的法律化——冲突与融合》，载《山西大学学报（哲学社会科学版）》2001年第3期，第89页。

② 陈顾远：《中国文化与中国法系》，台北，三民书局1969年版，第139页。

③ 程树德：《九朝律考》，中华书局1963年版，第164页。

罪，但实际上是为了救父亲，根本没有伤害父亲的犯罪动机。董仲舒还援引许国国君病重，许止为救父亲，进汤药给父亲，父亲虽死，春秋并不责备的例子来说明剖析犯罪动机的重要性。结论是赦免而不诛。据《晋书·刑法志》记载，后儒家如叔孙宣、郭令卿、马融、郑玄诸儒的章句，十有余家，与断罪有关的竟达二万六千二百七十二条，七百七十三万三千二百多字。所以瞿同祖先生得出结论：“这样，儒家思想在法律上一跃而为最高原则，与法理无异。”[①]

从曹魏开始，儒家化的法律律条正式应运而生。例如，曹魏之“八议”入律，晋代的服制定罪，北魏开始出现的留养和官当的规定，齐律中的“十恶”之条，这些均是法律律条儒家化的表现。三国时，吴国滕胤担任地方官员时，处理案件严格细致。《吴书》记载：“胤每听辞讼，断罪法，察言观色，务尽情理。人有穷冤悲苦之言，对之流涕。”[②]可见视民如伤，务尽情理，百姓对之流涕，倾诉冤情肺腑之言，苟能如此，则何愁天下不治？

两晋时，《晋书·刑法志》中讨论了“人情”与罪行法定主义之间的关系。晋武帝泰始四年颁行了《泰始律》，明法掾张斐注律，提出了一个适用法律的原则：“王政布于上，诸侯奉于下，礼乐抚于中，故有三才之义焉，其相须而成，若一体焉。”[③]张斐认为，《泰始律》一经颁布，诸侯百官必须严格奉行，然而具体适用于断案应以“礼乐”为指导。“礼乐”在这里就是指“人情”。如何做到“礼乐抚于中”？张斐认为：“论罪者务本其心，审其情，精其事，近取诸身，远取诸物，然后乃可以正刑。”[④]这样人情就贯通于法定刑与非法定刑之中了。

---

① 瞿同祖：《中国法律与中国社会》，商务印书馆 2016 年版，第 384 页。

② （西晋）陈寿撰，（南朝宋）裴松之注：《三国志》，中华书局 1999 年版，第 1062 页。

③ 张警注释：《晋书·刑法志》，成都科技大学出版社 1994 年版，第 91 页。

④ 张警注释：《晋书·刑法志》，成都科技大学出版社 1994 年版，第 91 页。

至唐律,"一准乎礼",情理渗透于法律活动中的传统思维在中国法律中正式形成。法家之"法"已经转变为以"礼"为指导,透射着人情的法。此中流露出的"重刑主义"的外观,恰反映了对伦理情义的重视,有学者称之为"爱之深、责之切",法里含情。[①] 以礼入法,出礼入刑,情理法框架正式形成。唐律中典型的"亲亲得相容隐"制度也充分体现了人情要素。唐律之"德礼为政教之本,刑罚为政教之用,犹昏晓、阳秋相须而成者也"。[②] 表明那时那刻,"德主刑辅"立法原则的深刻渗透已彰显无遗。

宋代前后天理逐渐成为最高的伦理法则。"宋代以后,'情理'一词逐渐地被'天理'所代替。在涉及伦常时,尤其是这样。"[③]程朱理学将"天理"引申为"天理之性",是"仁、义、礼、智"的总和,即封建的伦理纲常。所谓"理则天下只是一个理,故推至四海而准,须是质诸天地、考诸三王不易之理"。[④] 所谓出礼入刑,刑是礼之手段,以礼教化,以刑惩罚,礼刑相辅相成。情理有了自己的精神内核。情理的精神内核,就像一个物质实体,产生了巨大的无形力量,使司法中的一切围绕其运转。理学实际上是把儒家思想加以理论抽象和概括,形成了一个体系。于是,在这一体系中,具体的"情"和抽象的"理"高度统一起来,情理的精神成为儒家官员的自觉意识、成为广大民众的共识。

《名公书判清明集》中的几乎每一个官员,都有明确自觉的情理

---

① 刘珂:《人情与法——以古代中国传统为背景》,载《法制与社会》2010 年第 29 期,第 3 页。

② (唐)长孙无忌等撰,岳纯之点校:《唐律疏议》,上海古籍出版社 2013 年版,第 3 页。

③ 霍存福:《中国传统法文化的文化性状与文化追寻——情理法的发生、发展及其命运》,载《法制与社会发展》2001 年第 3 期,第 8 页。

④ (北宋)程颢、程颐撰,潘富恩导读:《二程遗书》,上海古籍出版社 2000 年版,第 89 页。

意识，户婚门载胡石壁判语：“殊不知法意、人情，实同一体，循人情而违法意，不可也；守法意而拂人情，亦不可也。权衡于二者之间，使上不违法意，下不拂人情，则通行而无弊矣！”[①]这表明了宋代儒家官员的普遍共识。

逮至元人柳贯《故〈唐律疏议〉序》云：“然则律虽定于唐，而所以通极乎人情、法理之变者，其可画唐而遽止哉？”这说明在元代，人们认为，受到情理影响和制约的“律”的完善在唐代达到顶峰，但是从来没有停止前进的步伐。

至明清，“上稽天理，下揆人情”与“上本天道，中用王法，而下理人情”的思想自上而下已入人心。

明人刘惟谦等《进明律表》：“陛下圣虑渊深，上稽天理，下揆人情，成此百代之准绳。”[②]这是讲，经朱元璋深思熟虑钦定的《大明律》，是依据天理和人情酌定的“准绳”。

清乾隆皇帝御制《大清律例序》云：“朕……简命大臣取律文及递年奏定成例，详悉参定，重加编辑。揆诸天理，准诸人情，一本于至公而归于至当。”也就是说，只有揆诸天理，准诸人情，律法的实施方能达到“至公”和“至当”，“至公”者，“最公平”也，“至当”者，“最合理”也。

历朝历代的实例说明，儒家倡导的“仁”“礼”成为法官在司法判案前的心理站位，而不是在一贯表达的“一断于法”。

“引礼入法”“礼法并用”都反映了“礼”和法律之关系。自宋以后，因“天理”被引申为“天理之性”，是“仁、义、礼、智”的总和，即封

---

① 中国社会科学院历史研究所宋辽金元史研究室点校：《名公书判清明集》，中华书局1987年版，第311页。

② （清）薛允升撰，怀效锋、李鸣点校：《唐明律合编》，法律出版社1999年版，《进明律表》第2页。

建的伦理纲常，则“理”已涵盖“礼”的内涵。而“理”既是那时社会的基本原理，那当然也就是国家的政治法律预设，自然也是最高的“法理”。以“理”为纲、参照法律，以“情恕”来定罪被认为是最理想的状况。在司法实践中，受到“天理”“人情”等思维定式的影响，用判例弥补法律条文之不足，使司法判案更加具有灵活性成为显性特征。

那么为什么礼和法能够相得益彰？陈顾远教授认为，守法的习惯是注重的一条，而守法的习惯的前提，是每个人都要有规规矩矩的态度，正如亚里士多德所说，“邦国虽有良法，如果没有民众普遍的服从，那也不能实现法治”，这规规矩矩的态度，就是礼，儒家所谓：“礼云，礼云，贵绝恶于未萌，而起敬微渺，使民日徙善远罪，而不自知也。”所以陈顾远先生认为，礼的发动出于人的自律，法的发动出于人的他律。

陈顾远教授还认为，法律的条文有限，人生的变化无穷，所以各国的民法，常常有这样一条：“民事，无明文规定者，依习惯，无习惯，依法理。”在我国，无文字的信条便是习惯，习惯之合于法理的也就是礼，礼虽然未之有，而可以根据不可易的理，认为自始存在的，就广义来说便是法理，换句话说，就是条理。依笔者所见就是天理。

最早把法和律联用的，是后汉的张敞。他说：“皋陶制造法律”，《急就章》中也说：“皋陶造狱，法律存也。”

但是，法律，表现的形式只有律和令。天下一切规范的总称是什么呢？是礼。

礼肇于俗，而生于祭。

对这一点，我们的理解是，礼貌者俗也，俗者，风俗也，习惯也，也即自然法也，循天理而生，所谓“人法地，立法天？天法道，道法自然”。比如，在婚姻方面，由群婚而对偶婚，由内婚而外婚，掠夺婚而趋于有偿婚，这就是俗。

俗如何进化为礼呢？因为初民社会，对外是兵行合一，对内是政教合一。在族内祭祀，就不免产生一套又一套的礼的规范，但是这只停留在礼之仪、礼之文、礼之貌、礼之容，这些都是礼的外在表象。我们在这里，把礼作为实质上的法律来看的话，必须进一步观察礼之义、礼之质、礼之实、礼之节。如果说礼生于祭，而这时候的礼主要是对贵族而言的，《礼记》中说：“天子祭天地，诸侯祭山川，大夫祭宗庙，士祭其家。”而对平民，则以兵刑处之。

也就是说，礼对贵族和平民来说是不一样的，所谓“礼不下庶人，刑不上大夫”。

但是由于周朝后期，礼崩乐坏，儒家要克己复礼，这时候儒家所复的礼，已经不再是仅对贵族的规范，而是要天下人都要遵守的全国家和社会统一的规范。这时候礼就是对天下人都生效的规范了。笔者认为，这时候的礼，就已经是西方人所说的法了，不过这里的礼，或者法，或者就叫“礼法”也罢，可不可以就理解为除了刑法之外的，所有的民法、行政法等一切法的总称呢？而这时的刑法又称为律，这样一来，法律不就形成了吗？那么，“LAW”，我们也就既可以翻译成法，又可以翻译成法律吗？

礼有别于仪而成为法，从而成为统一的规范，有两个原因：一个原因是，礼与仪逐渐有所区分，仪主要体现在仪礼上面（当然在这方面，如果违反，也是可以归于刑罚处罚的，如在《大明律》中，就有礼律），这时候，礼就成为国家社会统一的规范；另一个原因是，从孔子阐述了关于礼有规律之义，到荀子“农分田而耕，贾分货而贩，百工分事而劝，士大夫分职而听，建国诸侯之君分土而守，三公摠方而议，则天子共己而已矣。出若入若，天下莫不平均，莫不治辨，是百王之所同也，而礼法之大分也”（《荀子·王霸》），所谓“绳者直之至，衡者平之至，规矩者方圆之至，礼者人道之极也”（《荀子·礼论》），这就与法家的观点极为相似了,所以韩非是荀子的学生,却以法家的身份出现,就一点也不奇怪了。

这样儒家就认为礼是节制约束的标准,是个人如何守分的标准,这礼名义上不叫法,实际上已经是法了。现在所说的法认为,是关于国家人民方面一切事物的根据,礼也是如此。《礼记·曲礼》:"道德仁义,非礼不成;教训正俗,非礼不备;纷争辩讼,非礼不决;君臣、上下、父子、兄弟,非礼不定;宦学事师,非礼不亲;班朝治军,莅官行法,非礼威严不行;祷祠、祭祀、供给鬼神,非礼不成不庄。是以君子恭敬撙节退让以明礼。"

现在所说的法认为,任何人都要遵守,礼也是如此:"礼仪以为纪。以正君臣,以笃父子,以睦兄弟,以和夫妇,以设制度,以立田里,以贤勇知,以功为己。故谋用是作,而兵由此起。禹、汤、文、武、成王、周公,由此其选也。此六君子者,未有不谨于礼者也。以著其义,以考其信,著有过,刑、仁、讲、让,示民有常。如有不如此者,在执者去,众以为殃。是谓小康。"(《礼记·礼运》)现在所说的法认为,是要适合于时代环境的需要,而作为社会生活的一种规则,礼也是如此:所谓"缘人情而制礼,依人性而作仪"。把成年制度表示在冠礼中,把婚姻制度制度表示在婚礼中,在丧礼中表示出亲等和亲系,在祭祀礼仪中表示出宗教信仰和伦常,在军礼中表现军法和战争法规,在宾礼中表示出国际和平法则。

所以礼就是广义的法。

## 第二节 法运行的情理考量与中国法的"内在理据"

### 一、"上稽天理,下揆人情"——法运行的情理考量

自先秦以来,"缘法而治"是中华族群三千年的治国基本方略,不

过由于汉唐以来法律儒家化进程逐渐强化，中国的法治传统一直存在一种非常特殊的现象，那就是法治的冰山下面，时刻被天理和人情的海洋包围着，涌动着，从立法到司法，法律的实施过程本身，呈现给人们的状态就是，仿佛万事一断于法，但每一个法律过程都不是完全按照法律规范刻板地进行的。讲求仁恕之道，凡事从人伦出发，是古代情理精神的核心。熟练掌握了儒家四书五经的士子，经过科举考试选拔为司法官自然也深受儒家传统法律思想的影响。

儒法合体的“缘法而治”出现了新的特点，需要以天理为最高法律信仰、同时准诸人情来实现这一美好法律图景。所谓“上稽天理，下揆人情”。时至今日，情理仍然是中国人理解法律的基础。范忠信教授认为，“在中国传统民间社会的法律观念中，立法是一个总结‘人情’、整理并尊崇升华‘人情’的过程；司法是‘人情’在争论事件中的演练或操作过程；守法即是以法律化的‘人情’约束个人私欲的过程”。[①] 霍存福教授认为，“法本人情”，“法不外乎人情”。法律本于情理而立、可以“人情”求之。人之常情、经验法则，经过论证，可以上升为法律规则，反之，法理可以根据人之常情、经验法则推导出来，并用来裁度法律事务。

荀子曰：“治古无肉刑，而有象刑。”[②]这就是说，在上古时代已经开始充分考虑民众的情感，没有设立肉刑，只有象征性刑罚，用黑墨涂抹脸来代替脸上刺字的黥刑，用系上草做的帽带来代替割掉鼻子的劓刑，用刀割去遮挡膝盖部分的衣服来代替阉割生殖器的宫刑，让罪犯穿麻鞋来代替砍掉脚的剕刑，应该被砍头的人穿上没有衣领的

---

① 范忠信：《从明清市井小说看民间法律观念》，载公丕祥主编：《法制现代化研究》（第4卷），南京师范大学出版社1998年版，第347页。

② 张觉：《荀子译注》，上海古籍出版社2012年版，第248页。

红褐色衣服代替死刑。《尚书》载:“宥过无大,刑故无小。”[①]这就已经体现了区分故意过失来确定责任大小的特点。虞舜时,期望天下民众处于无讼之“情境”的理想已经有所发端,虞舜夸赞士师皋陶说:“皋陶……汝作士,刑期于无刑,民协于中,时乃功,懋哉!”[②]

霍存福教授考证认为,先秦时期关于情理的最早阐释始于司法活动中的“或从其情”。情理发轫于断狱的司法要求。发轫于断狱者,始于司法也。孔子曰:“道之以政,齐之以刑,民免而无耻;道之以德,齐之以礼,有耻且格。”[③]这就已经把传统社会的法律基调定在人性、人情上了。

始于汉代的“春秋决狱”“论心定罪”就是从情理出发,考察人的犯罪动机。《太平御览》六四〇载一案:甲与乙斗,甲之子丙以杖击乙而误伤其父甲,官府裁决:丙殴父当处死。而董仲舒受理此案并认为君子当“原心论罪”。丙殴无父之心,故不构成殴父之名。[④]

汉成帝的廷尉朱博就非常善于由人情而求得法律之精神。据说朱博地方官出身,对法律条文不太熟,因此就让廷尉正、廷尉监等把所有的疑难案件全都找出来,当众听取案情作出判决,结果十中八九,所以朱博说,所谓“三尺律令,人事出其中”。[⑤] 晁错认为:“其为法也,合于人情而后行之……情之所恶,不以强人;情人所欲,不以禁民。”[⑥]

何武断剑案充分体现了“原情求实”、推究案情的真实情理,以普

---

① 王世舜、王翠叶译注:《尚书》,中华书局2012年版,第359页。

② 王世舜、王翠叶译注:《尚书》,中华书局2012年版,第358页。

③ 程树德撰:《论语集释》,中华书局1990年版,第68页。

④ 《太平御览》六四〇。转引自武树臣:《武树臣法学文集》,中国政法大学出版社2003年版,第561页。

⑤ (东汉)班固撰,(唐)颜师古注:《前汉书》,中华书局1998年版,第2519页。

⑥ (东汉)班固撰,(唐)颜师古注:《前汉书》,中华书局1998年版,第1747页。

遍社会正义价值观念实现个案平衡的特点。

何武断剑案：

> 前汉时，沛县有富家翁，赀二千万。一男仅数岁，失母，别无亲属，一女不贤。翁病困，思念恐其争财，儿必不全，遂呼族人为遗书，悉以财属女，但余一剑，云“儿年十五付之”。后亦不与。儿诣郡诉，太守何武因录女及婿，省其手书，顾谓掾吏曰“女既强梁，婿复贪鄙。畏贼害其儿，又计小儿正得此财不能全护，故且付女与婿，实寄之耳。夫剑，所以决断。限年十五，智力足以自居。度此女、婿不还其剑，当闻州县，或能证察，得以伸理。此凡庸何思虑深远如是哉！”悉夺其财与儿，曰“弊女恶婿温饱十年，亦已幸矣”。闻者叹服。①

本案中，太守何武根据富翁留给儿子的一把剑，推断出遗嘱中当事人的真实意思表示。从表面看，富翁将家财全部赠给女儿、女婿，仅赠给儿子宝剑一把。但这把宝剑要求女儿暂为保管，等儿子十五岁时再交付给他。从后来的事实发展来看，就连这把宝剑，女儿女婿在儿子十五岁时也没有交付。这充分说明，富翁当年的顾虑是正确的，在没有母亲的情况下，年幼之子被素来不贤的女儿女婿毒害的可能性极大。况“剑”者，决断也，隐含儿子成人之时需决断此事之意也。这才是富翁的真实意思表示。

东汉明帝时，原情求实以赦免王望的案子也充分说明了这一点。《后汉书》载：

---

① （东汉）班固撰，（唐）颜师古注：《前汉书》，中华书局 1998 年版，第 2585 页。

东汉王望为青州朝史，遇旱，便宜出所在布粟，事毕才报告皇帝。皆以为王望“专命，法有常条”。钟离意却以为：“昔华元、子反楚，宋之良臣，不弃君命，搜平二国，《春秋》之义，以为美谈。今望怀义忘罪，当仁不让，若绳之以法，忽其本情，将乖圣朝爱育之旨。”明帝赦免之。①

在本案中，钟离意认为王望在天下大旱时，虽然没有先报告皇帝就发粮救民，确实违法，但其“本情”却在于救民，是故明帝赦免之。

两晋时，“设法止奸，本于情理”思想的提出，反映了情理观念已经渗透到立法层面。据《宋书·何尚之传》，东晋安帝义熙五年（409年），吴兴武康县人王延祖为劫，父王睦到官府告发。按当时新法：“凡劫身斩刑，家人弃市。”但王睦既已自告，是否应按“家人”连坐弃市？“于法有疑”。当时何尚之的父亲尚书何叔度，对此议论曰：

设法止奸，本于情理，非谓一人为劫，阖门应刑。所以罪及同产，欲开其相告，以出为恶之身。睦父子之至，容可悉共逃亡，而割其天属，还相缚送，螫毒在手，解腕求全，于情可愍，理亦宜宥。②

“设法止奸，本于情理”，表明人们不再单纯地停留在在司法过程中“察言观色，务尽情理”，而是已经在更高的层面上考虑法律的依据问题。法律事实是在司法领域，但人们已经反观立法的目的、宗旨了。“于情可愍，理亦宜宥”，就是可愍之情，宜宥之理，法律的“本于

① （南朝宋）范晔撰，（唐）李贤注，中华书局编辑部编：《后汉书》，中华书局1998年版，第872页。

② （南朝宋）沈约撰：《宋书》，中华书局1999年版，第1143页。

情理”,应当就是此情此理。有此悲悯之情,也就有了可宥之理。所谓有是情必有是理也。

何叔度在个案中得出的结论,具有普遍的、一般的意义。本来在本案中何叔度只是从悲悯情怀出发,却引导了一场由怜悯心而来的从司法尽情理、到发掘法律内容本身就是情理的本源意义的讨论。在先前,之所以要“务尽情理”,是因为要贯彻怜悯小民的立场,就如曾子告诫阳肤如果掌握了案情,则“哀矜勿喜”,这不过是高高在上的统治者的一种悲悯情怀,一种负责的态度。但现在已经演变为推导法律的本来意义就是情理。

后魏李惠用事情的发展变化之理即“经验法则”来断案。如《折狱龟鉴》记载的负盐负薪的两个人争一羊皮的案件。李惠假意拷打羊皮,见少盐屑,故得案情之实。于是凡所察究,多如此类,由是吏民莫敢欺犯。

唐代张鷟判吴淳掌造东都罗城按天时不扰民案充分考虑了当时的“民情”,即民众所处之“情境”,筑造城池要考虑农时,不能在春耕的时候征徭役,用民力:

> “大匠吴淳掌造东都罗城,墙高九仞,隍深五丈,正属春时妨农作,百姓诉至秋收后,淳自求功,抑而不许。御史弹非时兴造,付法,不伏。”张鷟判道:“九重之邑,无劳走马之形,万家之都,自有卧龙之异。理须候隙启闭,务在从时,下不夺于三农,上不亏于八部。鸧鹒迁木,殊非浚洫之辰,戴胜降桑,岂是营都之日。宁有自求微效,广弃人功,既废春畴,宜从霜典。”①

① (唐)张鷟著,田涛、郭成伟校注:《龙筋凤髓判》,中国政法大学出版社1996年版,第75页。

在宋代法官的法律观念里,情、理与法完全融为一体,具有同等重要的地位和作用。真德秀认为,"夫法令之必本人情,犹政事之必因风俗也。为政而不因风俗,不足言善政;为法而不本人情,不可谓良法"。[①] 法律如不合乎情、理要求,即非善法。《名公书判清明集》胡颖称:"本府之所断,未尝敢容一毫私意,已见皆是按据条令。"[②]《名公书判清明集》另一位司法官员蔡抗谓:"国家法禁,一视同仁,岂有所轻重哉?"所有"官司按法而行"。[③] 胡、蔡二人被收判词之数,在《名公书判清明集》中分别居全书第一位、第二位,合计近总数三分之一,有一定代表性。其中严格依法的典型判词十一例,都清楚列叙事实,具引法条准确,然后判决。

宋代仁宗时"情有轻重,理分故失"的提出,是情理在法律技术方面的意义或表现。诏曰:"时近臣有罪,多不下吏劾实,不付有司议法。"谏官王赞言:"情有轻重,理分故失,而一切出于圣断,前后差异,有伤政体,刑法之官安所用哉?请自今悉付有司正以法。"诏可。[④] 这里同时表明了一个观点:专业的司法官员的判断要比皇帝的判断更加准确,可以满足"情、理"的要求,更能实现法意。《梦溪笔谈》中记载的"陈述古祠钟"案则是一个体现了司法官员凭智慧以度"情理"的典型案例:

陈述古密直尝知建州浦城县。富民失物,捕得数人,莫

---

① (南宋)真德秀撰:《西山先生真文忠公文集》(四部丛刊初编本),商务印书馆1979年版,第82页。

② 中国社会科学院历史研究所宋辽金元史研究室点校:《名公书判清明集》,中华书局1987年版,第281页。

③ 中国社会科学院历史研究所宋辽金元史研究室点校:《名公书判清明集》,中华书局1987年版,第329页。

④ (元)脱脱等撰:《宋史》,中华书局1999年版,第3335页。

> 知的为盗者。述古绐曰:“某庙有一钟至灵,能辨盗。”使人迎置后阁祠之,引囚立钟前喻曰:“不为盗者摸之无声;为盗者则有声。”述古自率同职祷钟甚肃。祭讫帷之,乃阴使人以墨涂钟。良久,引囚以手入帷摸之,出而验其手,皆有墨,一囚独无墨,乃是真盗,恐钟有声,不敢摸者。讯之,即服。①

本案的判断充分利用了心理学和逻辑学的知识。

在宋代,也并非所有法官都把当时政治法律预设“原理”之“礼”放在第一位,有时也会充分考虑“人之本性”。有一案件中一名书生与邻家女私通。在当今社会这是自由恋爱,但是,按照当时法律规定,犯“无夫奸”罪,要判处徒刑一年半。县令马光祖审理此案没有完全按照当时的法律判断,而是让书生以“逾墙搂处子”为题作诗一首。于是书生当场作诗一首:“花柳平生债,风流一段愁。逾墙乘兴下,处子有心搂。谢砌应潜越,韩香许暗偷。有情还爱欲,无语强娇羞。不负春楼约,安知汉狱囚。玉颜丽如此,何用读书求。”马县令以一《减字木兰花》判曰:“多情多爱,还了平生花柳债。好个檀郎,室女为妻也不妨。杰才高作,聊赠青蚨三百索。烛影摇红,记取媒人是马公。”在本案中,县令马光祖深刻体会了人之本性,虽然在当时的法律下,男女私通为礼法不容,但在当今社会看来,这完全是人之本性。

清朝也屡屡提出要求贯彻“原情准法,务求平允”等法律原则。凡国家律令,参酌事情轻重,定立罪名,颁行天下,永为遵守。百司官吏,务要熟读,讲明律意,剖决事务。清朝陆稼书判“兄弟争产”案,审理案件时“乃不言其产之如何分配,及谁曲谁直,但令兄弟互呼”,“此呼弟弟,彼唤哥哥”,“未及五十声,已各泪下沾襟,自愿息讼”。

---

① (北宋)沈括:《梦溪笔谈》,岳麓书社 1998 年版,第 115 页。

这也是“人之本性”使然。

清《塔景亭案牍》卷五所载刘志怡诉请离婚案的案情是,刘志怡的妻子刘王氏虽然规矩和勤俭持家,但结婚十年未曾生育,因无子在“七出”之条,故刘志怡请求许县令依律例判予离婚。在本案中,如依律例判处,许县令总觉不安,他认为,第一,所谓“不孝有三,无后为大”,都是为了再娶所找的理由,因为有没有孩子,这都是命中注定,这跟孝不孝顺没有直接的关系。第二,从气血强弱上来说,实际上也就是从生理上来说,男女结婚,怎么就一定是女人的问题?因为有的女人与别人再婚之后,反倒能生养孩子,这又如何解释?第三,人生非常重要的一件事,就是家有内助。所谓“糟糠之妻不下堂”,尤其是刘志怡娶妻之前,光绪二十四年(1898 年)田只二十四亩,地只四亩七分,而自是年至宣统元年(1909 年),陆续加田至三十九亩,地至九亩七分。在家庭财产增加的过程中,妻子的作用不可忽视。

综合以上的深入分析,许县令充分考虑刘王氏所付心血和操劳,认为其与“三不去”的“前贫贱后富贵”似乎能够扯上关系。在此情理综合考量之下,许县令据此作出了符合情理的判决:首先,“此案本应照常完聚,惟情既乖离,势难强合。欲谋善处之方,惟有分炊之法”,判令刘志怡与刘王氏在房产、土地、牲畜匀分一半,统给刘王氏自行管理。其次,刘志怡宗续为重,买婢纳妾,刘王氏不得干预。刘王氏如欲乞养女孩,以娱晚景,刘志怡也不得阻挠。

从以上历朝历代的法律运行过程来看,基于法律儒家化的大势所趋,“上稽天理,下揆人情”这种情理考量的理念与实践贯穿了自汉以来一直延续到明清之后的长期历史进程。

## 二、伦理理性——中国法的“内在理据”

笔者认为,梳理中国法治运行中的法律儒家化的历史进程,可以得出一个众目所见的现象,那就是传统中国的“缘法而治”是以不间断的情理考量为显著特征的法治。按照这个历史进程进行逻辑推理,可以推导出中国法的内在理据之基础,与西方实证主义法律观基于二元论的认知理性不同,中国法的内在理据之基础在于其伦理理性,或者说中国的传统法理的基础就在于情理。

张中秋教授认为:“按中国人的思维,万物皆有其理,正像物理为物之道理一样,法理亦就是法的道理,或者说法的内在理据。”[①]更重要的是,对法的内在理据的追问,涉及中国人自我法文化的解释权问题。因此,张中秋教授对当代中国“法的内在理据”进行了多角度追问和全景式论述,强调尤其是寻求哪怕是零碎甚至是点点滴滴的资源,这对中国在社会转型时期,思考建立一个怎样的法治社会有怎样切实的意义。强调放弃这样一种努力,我们就要失去对自我文化的解释权。

张中秋教授从传统中华法系的历史演变过程和法律学科的法理概念入手,指出大凡自成系统而有特色的法律文化都有自己的法理。“传统中国的法理是我们的先贤关于法的基本问题的实践理性和历史经验的凝结,是作为一种秩序文明的中华法系的共通理论。”[②]

而中国人的情理法观念,相比西方实证主义法律观的形式认知理性来说,我们称为伦理认知理性(实质理性)。日本学者滋贺秀三这样描述中国人这种情理法思维习惯:“一般而言,法律就是情理被实定化的部分,法律也是情理发挥作用的一种媒介,不仅法律本身的解释依据情理而且法律也可因情理而被变通。”清代民事审判中适用

① 张中秋:《概括的传统中国的法理观——以中国法律传统对建构中国法理学的意义为视点》,载《法学家》2010年第2期,第58页。

② 张中秋:《概括的传统中国的法理观——以中国法律传统对建构中国法理学的意义为视点》,载《法学家》2010年第2期,第58页。

的规范，主要是情理，而不是法律，法律就像浮在情理之海中的一座冰山。[①] “情理”或游弋在法律之空隙中，或覆盖在法律之上，或给法律留有冰山一角。

传统中国伦理理性（实质理性或价值理性）就是中国“法的内在理据”之基，因此，“情理”就是中国“法的内在理据”的民族特色。

（一）中国法是合乎情理（天理与人情）的秩序体系

张中秋教授解析了在传统中国的法观念中，到底什么是法、当前法理学界所持的法律观是什么的问题，重点提出了情理是中国法的民族特色的观点。

张中秋教授认为，在传统中国的法观念里面，中国人所理解的法，与西法东渐以来，我们直接照搬照抄的西方传统实证主义法理学意义上的法不同，中国传统的法是一个大法的观念，所谓西方传统实证主义法理学意义上的法，在中国仅仅是指国法，而中国人的大法观念中的法，除了国法，还包括天理和人情。换句话说，国法对应了西方实证主义法理学意义上的法，天理代表了自然法则，人情代表了传统的习俗。所以在现代法学的视野里，中国的法，不仅具有自然法学，而且同时具有实证主义法律观和法社会学的影子。这种大法观念，是符合传统中国的实际的。就在今天，也仍然是中国人挥之不去的观念。从语义上来说，与西方实证主义规则范式的法不同，中国的法本身就包含了法则、法律、法规和法度等多重含义；从历朝历代的法律制度来看，如《刑法志》《唐律疏议·名例》无一例外都在中国国法的制定过程中，综合考虑天理、人情与国法的关系。明代刑部尚书刘惟谦等所撰写的《进明律表》有云：“陛下圣虑渊深，上稽天理，下

① ［日］滋贺秀三等著，王亚新、梁治平编：《明清时期的民事审判与民间契约》，法律出版社 1998 年版，第 80 页。

揆人情,成此百代之准绳。”①中国数千年来普通民众的法意识也从来都认为,所谓中国的法,它不单指国法,而是天理、国法、人情的混合产物。

一百年来西方实证主义法律观念一直冲击着中国的法学界,并在政治层面上产生了巨大的影响,以至于在学界一直存在着所谓法,必须是国家为主体制定的。作为法应当由国家制定认可,并将由国家的强制力保证实施,这样的行为规范方可称为法,这也就是一百年前,“礼”作为国家法律规范被裂变的原因,“礼”可以被裂变,因为“礼”完全的形式存在会产生误解。但是,把所有非国家主体制定的,而实际上在现实中仍然发挥着法规范或者准法规范作用的一切“软法”和“民间法”(包括政策、指令、决议、规划、乡规民约、风俗习惯)都排除在外,这完全是无视中国事实上的法律实践的结果,这对中国法治现代化的实现,具有极大的阻碍作用。

在传统中国的法治中,情理是中国法的民族特色。当前中国正处在社会转型期,能否用中国思维、中国方法来思考和解决中国问题,是目前应该关注的重点。张中秋教授认为,刑法中的仁恕之道和民事上的多元化纠纷解决机制对于解决中国现实问题有重要的实践意义。比如,中国古代专门针对民事纠纷的“民间调解官方调处司法裁决的多元化纠纷解决机制/制度”,这种机制/制度,有中国的“道”的指引,其路径是通过解决纠纷最终达到恢复人与人之间的和谐状态,这对传统中国社会的秩序维持非常重要,因为这反映了传统中国社会民众对司法的普遍诉求和合理期待。尤其是当前中国处在社会转型期,各种思潮涌动,利益主体多元化,观点不一,纠纷多累。这完

① (清)薛允升撰,怀效锋、李鸣点校:《唐明律合编》,法律出版社1999年版,《进明律表》第2页。

全靠强化法律规范是不够的。法学界也产生了新的思考，比如，到底什么样的司法理念和诉讼模式适合中国的现代社会状况？张中秋教授重点指出，要想走上符合中国国情的法治之路，必须用中国思维、中国方法来思考和解决中国问题。

（二）蕴含着情理的法“道德”原理与“和谐”法理想

按照金耀基先生的观点，中国人的伦理理性（实质理性或价值理性）建基于某些价值信条之上，以某种特定的终极立场或方向为依归。[①] 而“情理法”观念就是这种伦理理性思维方式的表现。

以此来理解张中秋教授关于中国法的内在理据的思考，可以得出这样的结论：中国人的伦理理性建基于中国的法“道德”原理的价值信条之上，而以“和谐”理想社会设计指向的社会公平与正义为终极立场或方向为依归。

张中秋教授指出，中国的法原理是基于有机自然观的法道德原理。这个问题非常重要。“道”是中国文化的最高范畴。传统中国的法原理从根本上讲也是道德原理，所以张中秋教授专门论述了中华法系是道德人文类型的法系。张中秋教授认为，中国的法原理是把哲学概念转换成法律概念，由阴阳合一、阳主阴从转换成礼法结合、德主刑辅。

更重要的是，张中秋教授指出，中国的法道德原理，是基于有机自然观。所谓有机自然观，就是将整个世界看成一个生命系统，强调天地人一体。而这个生命体的最佳状态就是“生生不息”和“和谐有序”，“和谐有序”称为“道”，“生生不息”称为“德”。“道”为秩序，“德”为“创生”。

---

① 张德胜等：《论中庸理性：工具理性、价值理性和沟通理性之外》，载《社会学研究》2001年第2期，第35页。

基于这种有机自然观而产生的道德原理，最后引导的传统中国的法类型就与西方实证主义的权利本位或者义务本位的法类型完全不同，是一种“责任—权利”类型的法。西方实证主义的法类型以“权利”为轴心，以个人作为秩序出发点，最后归结为社会契约论；而中国的法类型以全部个体的共存为基础，强调责任优先、责任本位，压制个人私心，张扬人类责任，强调重义轻利，价值目标为群体和谐。尤其是当前中国社会转型时期，市场经济迅速发展，个性张扬，个人权利要求得到尊重并不过分，但整个社会的安全和秩序才是个人权利得到尊重和期待的前提。因此，讲义务优先具有普遍性可能不一定能够得到普遍的赞同，但是讲责任优先，似乎反驳的浪潮不会那样激烈。因此传统中国法的道德原理，是基于宇宙有机观的天地人和谐共存的原理。它立足全体、效法自然、追求和谐，强调人类群体以及人类与自然共生共荣的价值目标，在今天具有十分现实的意义。

“和谐”是传统中国法关于理想社会的设计，也是传统中国法的终极使命。张中秋教授认为，西方实证主义法律观主要依靠正义的法律来实现权利的平等，中国主要凭借道德的自律和法律补充，来达到个体与群体的和谐。西方人追求的是“正义”，罗尔斯对此又专门进行了梳理阐释，中国人追求的是“和谐”。两者思维方式不同，但是对人类的终极幸福这个目标来说，并没有本质的区别。经过一百年来的灌输，西方实证主义法律观所提到的“法”已经深入人心，更重要的是随着市场经济的迅猛发展，人们对个人权利的诉求，导致人们思想观念中的“法”，早已非一百多年前的“国法”即“王法”了。而在追求和谐这一终极价值观过程中，无论是道德自律还是法律补充，都离不开“礼”。当然，“礼”的身份需要转换。但是在中国现代法治社会建设过程中，在强调现代法律价值观——法治、人权、自由的同时，全面顾及“礼”中所包含的中国人自己传统的政治理想，如仁政、善治与和谐法律观念，还是非常有裨益的。

这就是中国人法文化密码——情理法观念的历史逻辑。笔者遵循这一逻辑，梳理当代中国法学界关于情理法观念这一法文化密码的金玉之见，以期对中国现代社会转型过程中所面临的复杂问题找到一剂药方，来规划中国的法治图景，安排中国的人生秩序。

# 第二章　中国传统法律文化中的情理蕴涵

中国人用实质理性(伦理理性)来理解法律,铺陈法理,以情理考量为特征的法治历史是中国人的法文化特色。这就非常有必要对“情”和“理”这两个范畴做一个谱系梳理。因此,对“情”和“理”这两个范畴的内在蕴涵进行事实上的描述,就成为对情理法观进行法文化分析的前提。

“情理”,在《现代汉语词典》中解释为人的常情和事物的一般道理。而关于法理,张中秋教授认为,中国的法理就是法的道理,或者说是法的“内在理据”。在当代中国,在法治现代化的追求之路上,基于形式理性还是实质理性(伦理理性)来实现这一目标,专家学者有不同的思考。“情法一元”似乎是最好的选择——谢晖教授如是说。

## 第一节　法治的骨架、灵魂与神经

法治是一种状态,一个蓝图,一个美好的存在。勾勒这个美丽的图画需要线条、色彩和神蕴。每个民族都会产生法律,这些以泥板、铜柱、竹片为载体昭示给每个成员的法的规范构成了法治的骨架,但是由于与生俱来的自然地理特征,每个民族的习惯与风俗总是会有不同,千年的历史变迁,又生出现象的种种迷离。中华民族由于近代的历史,线条勾勒的肉身和骨架可能有所改变,但是,总有一些东西不会改变,那就是精神层面的灵魂与神经,对于中华民族而言,这灵魂就是相类于西方自然法的天理,这神经就是千百年萦绕在国人心中的人之常情。

情、理、法者,中国传统的三个法观念也。范忠信说:“中国人的法观念是一个复合的、多元的观念体系。一说到法,中国人很自然地把它看成是‘法上之法’(‘天理’‘礼’)、‘法中之法’(律条、律例)、‘法外之法’(伦常之情、人之常情)的总和。”

追问现代中国法治路径之诉求,对上述三个中国传统法律文化核心观念之间的关系如何科学定位,就成为必须要厘清的一个问题。为此,各家学者众说纷纭。汪习根教授在《论情理法关系的理性定位》一文中对情理法关系的理性定位的思考,脉络清晰、逻辑紧密、颇具概括性。笔者读后产生了几点思考,并在此基础上将法律、天理、人情理解为法治的骨架、灵魂与神经,并认为只有如此,庶几能够为现代中国法治的合理存在奠定一个脚手架始基。

## 一、为什么要对三个法观念进行理性定位

汪习根教授首先强调一点,就是对这三个法观念进行定位既是当下中国法治重拾自信的需要,也是建设和谐社会的要求。

汪习根教授认为,近代以来,西法东渐的过程,也是与中华法系竞争的过程。在法系竞争中,中华法理与西方法理在进行着不断的竞争。只不过,一个是工笔素描,另一个是山水画章。西方的法理对于解决外部纠纷是十分有效的,但是从“对心灵秩序的柔性抚慰”来说,却远远不如中国传统的法律文化精神。一个多世纪以来,中西方法律文化在融合生长过程不断地碰撞,甚而在形式上法律律条已经近乎完全地淹没了中华法系。但是骨架虽变,灵魂与神经却永远不可能完全改变。因为人类是有完全理性思维的动物、是有全息摄影

功能的智能型生物,其在自身自然地理状况下几千年来形成的文化基因链是很难断折的。实现现代法治刚性的法律条文不能解决所有问题,前提和基础必须是把情理法这三个支配地位的中国传统的法观念进行梳理,使其在现代化的中国现实图景下实现情理法三者的融洽生长,以实现法治自信,这是我们现实的需求。

## 二、在理性定位之前需对情理法中外历史逻辑的梳理

汪习根教授先对情理法关系的历史逻辑进行了梳理。当然地,汪习根教授提到了三位一体——中国古代法的复合身位的历史存在,并同时指出这种中国古代法律文化所特有的“礼法”格局,即所谓“通达治体于天理、国法、人情,三者皆到,虽老于吏事者,不能易也”。这就是说,一个族群长期积淀之后产生的法律认知、法律信仰、法律心态、法律思维与律条的有机结合形成的格局,任谁都很难一朝改变之。中国古法从产生之日起,即与礼难舍难分。春秋之前,礼法一体,然后“礼崩乐坏”、礼法分离,法家的“法治”思想迅速发展并在大争之世翻开了一页历史;但从汉以后,由于儒家思想逐渐深化,礼法又渐渐走向结合,直到宋明达到了礼法合体。自清末礼法冲突以来,经历了尘世半个世纪的纷乱,两者一直处于游离状态。所以礼法之间走过了一个礼法一体——法从礼来——法在礼中——礼法分立——礼法融合——礼法合体——礼法冲突——礼法游离的过程。现实的中国,我们当然不是要重新要求“克己复礼”,但宗法社会虽然不复存在,而地缘心理、亲缘心理在社会秩序运转中的作用不可忽视,天道地理、天道循环、天理昭昭的观念仍然是这个族群的终极利剑。因此,现代中国重拾法治自信,不仅是一种心理需求,也是制度需求。但这种种需求的实现无法离开礼法关系来探讨,无法回避昭昭天理和人之常情与法律的关系,我们必须正视这个问题。

笔者非常赞同汪习根教授的一个观点:“法律史不仅是规范与制度史,更是文化与价值变迁史”。法律发展与进步的标志不在于规范与制度本身,而规范的背后随着人类社会进步而从不更改的法律价值才是亘古不变的永恒存在。

## 三、须在法治视野之下对“情理”意涵进行辨析

汪习根教授认为,探求“情理”的合理性存在并对其意涵进行辨析的前提是将其置于法治实现的视野之下,与法治无关的情理不纳入情理法的关系架构之中。通过梳理认为,“不同族群有各自不同的对美好生活方式的追求,从而形成了丰富多彩的情理民俗。从这个意义上说,法治绝不仅是一套形式理性规则的堆砌,而且还是因承载了公意性情理而呈现的制度文明”。所以,法治并不就是产生良法,也绝不是仅仅停留在有民众的普遍的服从的层面。从法治实现的角度看,应当是一种伴随族群而生,经过自然历史长期积淀、被社会大众普遍认同的、具有一定道德评判功能的符合人类发展进步规律的、动态的价值理念与法律情景交融、融洽生长的过程与情景呈现。“法治”是一种“制度文明”,因此这种“制度文明”须承载“公意性的情理”方能被认可为一种社会的良好的状态和图景。而这“公意性的情理”就是各族群与生俱来的、丰富多彩的情理民俗。

汪习根教授提出,要想对情、理、法三者关系进行理性定位,必须从对人情和天理的内涵与外延进行深入解析入手,在这里,汪教授用到了两个词,一个是“面相”,另一个是“身位”。所谓“面相”,本指人的面貌、相貌。古人由于对事物的本质认知来自阴阳五行说,对人的一生命运起伏的原因便从阴阳五行理论体系切入去探索认知。汪教授借此来引喻“情”的“表相”或者“维度”,认为“情”具有情意与情感两个面相(但这是法律的情意与情感,与之无关的情意与情感不在

此列)。“身位”就是身体所处的位置在自然空间所占的宽度,在这里,汪教授认为“理”占有原理、定理、公理与道理这四个身体位置宽度的位置。

这就说明,汪习根教授并没有把“情”“理”“法”完全分开来进行三者关系的辨析,而是把“情”与“法”的关系进行考证辨析;再把“理”与“法”的关系进行考证辨析;然后把两者合为一体称作“情理”。但紧接着就强调,这个“情理”不再是日常之普通的“情理”,“情”是法之“情意”“情感”,即与法律有关的伦常之“情”;“理”是法之“原理”“定理”“公理”“道理”。所以这里的“情理”就是与法律相关的“情理”——与之无关的情理不在情理法的关系结构序列之内。由此汪教授得出情理法三者的关系(实则是两者的关系):“情理是法律优化之基,而法律是情理实现之道。”这样一来,就把法律与情理对应来探讨这种关系架构了。

## 第二节　“理”的内在蕴涵

何为“理”?“理”的一般理解,应该就是“事之一般道理”,所以又泛称“事理”。在对“理”本来面目的事实描述上,笔者认为,作为“理”,它首先包含一切天道之理和人道(伦)之理。

“天理”是理的最大最高最先最早的概念。天理是天道之“理”,是永恒的自然法则,而伦理是人伦之“理”。当然,从根本上说,天理即人伦,天理也即伦理。天道之理是人伦之理所遵循的最高的自然法则。

按照汪习根教授的划分方法,人道之理又为四个类别,包括“原理”、“定理”、“公理”和“道理”。

传统社会的伦理纲常就是那个时代的“原理”,也即当时的政治法律预设,现时代的政治法律预设之“原理”也是当然之“法理”,这常常在基本法中予以规定。“定理”是本国法的来源和本国本土实践经验,是民族特色,常常以“常理”的面目出现;“公理”即公共意识,常常以“常识”的面貌出现,并与“常情”互通。定理和公理中的自然规律,作为经验法则是可以在法律论证中直接适用的法理。但是根据现行法律规定,公理中的经验法则至少还有五种情形,需要论证为不被推翻,方可在法律论证活动中发挥作用,呈现为具象化的、有用的“道理”,这正是需要探讨的焦点。“道理”就是在法律论证程序过程中,所体现出来的具体的根据和理由。

## 一、天理是永恒的自然法则

在中国传统法律文化中,天理是一个源本性的范畴。

“理”者,万物皆有其“理”也。天理者,“天之义理”也,则天之道,地之理也。天理源于原始先民对自然神明的崇拜,是不证自明的永恒的自然法则,是最高的理性,是普遍适用的法律,是永恒的规范。天理主要是从法律信仰的角度出发,是中华族群精神层面上的“法理”。老子认为:“人法地,地法天,天法道,道法自然。”①天理是人的善良天性。范忠信教授则认为,“在古代中国人的心中,天理是存在于宇宙间的不以人的意志为转移的客观真理、正义或公道”。②

“天”代表着最高的理性。自然法则源于古时候的神明崇拜,《论语》有言:“君子有三畏:畏天命、畏大人、畏圣人之言。”③在孔子的理解中,天命尚是自然之力,这时候的天还没有人格化为神。“天”,决定着历代王朝的兴衰更替,决定着历史的进程。孟子的

① 朱谦之撰:《老子校释》,中华书局 1984 年版,第 78 页。

② 范忠信等:《情理法与中国人》,北京大学出版社 2011 年版,第 279 页。

③ 程树德撰:《论语集释》,中华书局 1990 年版,第 167 页。

“天”,也不是高高在上的“神”,而是以民为天。“民为贵,社稷次之,君为轻。”①《尚书》载周武王语:“天视自我民视,天听自我民听”②,就是说上天的所见,来自我们民众的所见;上天的所闻来自我们民众的所闻,民意即天意遂成为千古不移之论。

梁启超认为:“在程度幼稚的社会,固不能无所托以定民志,而况夫既持‘道本在天’之说,则一切制作,自不得不称天而行。”③这样有“天”作为起点,对最高理性的信仰就有了寄托。冯友兰所言的“义理之天”强调天是人类道德生活的终极价值。④ 按他的划分,“天理”之“天”指的就是“义理之天”。“天理”就是“天之义理”。

按陈顾远教授的理解,中国也有自然法思想,按照这个思路,天理或等同于西方自然法之“正义”。认为“中国固有法系源于天意而有自然法精神”。⑤ 因为不论东方西方,法学发展的普遍趋势,无外乎神权法说、自然法说、分析法学派、社会法学派。不仅认为中国的自然法观念发生特别早,而且认为法家的学说,就是将自然法赋予抽象的天意政治之内涵而兴起。在儒家学说占主导地位之后,法家学说仍然支配着中华法系,就是因为其有自然法精神,因为中国的“天意”观念,表现为阴阳变化之自然规律。

宋明以来,“天理”,逐渐成为法律信仰的最高合理内核而受到中国传统社会的集体仰视,并逐渐深入人心。明朝王守仁说:“吾心之良知,即所谓天理。致吾心良知之天理于事物,则事事物物皆得其理

---

① 杨伯峻译注:《孟子译注》,中华书局 1960 年版,第 328 页。

② 王世舜、王翠叶译注:《尚书》,中华书局 2012 年版,第 436 页。

③ 梁启超原著,范忠信选编:《梁启超法学文集》,中国政法大学出版社 2004 年版,第 86 页。

④ 程帆主编:《我听冯友兰讲中国哲学》,中国致公出版社 2002 年版,第 48-49 页。

⑤ 陈顾远:《中国法制史概要》,商务印书馆 2017 年版,第 52 页。

矣。致吾心之良知者,致知也;事事物物各得其理者,格物也。”[①]

天理观在中国传统法律文化观念结构中达到了最高位阶,成为中国传统法律文化观念的源本性范畴。笔者认为,法文化的传承与转化,是人类法律理性之光延续不衰的秘诀,而法律文化观念结构的支配性范畴支撑着它的合理存在。据此,笔者大胆认为,“天理”即中国自然法之最高准则,这也正与范忠信教授所说的天理乃“法上之理”相吻合。如果说,自然法是西方法治思想的基石,天理观则是中国法治思想的基石。

## 二、传统社会天理——伦理——原理——法理的演绎

笔者在这里特意探讨天理、伦理、原理到法理的演绎,是因为这是在法治视野下探讨“理”。其基本思维进入就是天理即人伦,天理即伦理之本源,伦理即传统社会之原理(政治法律预设),也就是当然之法理。是故当今社会之原理(政治法律预设),自然也即当今之法理。

古代用“天理”来比喻封建社会父子、君臣、夫妇、长幼、朋友各类等级尊卑关系及其相应的道德规范。

《易传》曰:“有天地然后有万物,有万物然后有男女,有男女然后有夫妇,有夫妇然后有父子,有父子然后有君臣,有君臣然后有上下,有上下然后礼义有所错”。[②] 就是说天之下的一切存在都是由天衍生出来的,是天决定了这一切的存在及秩序,这是至明之理、不证自明之法则。宋代前后天理成为最高伦理法则。程朱理学将“天理”引申为“天理之性”,是“仁、义、礼、智”的总和,即封建的伦理纲常。

---

① (清)张廷玉等撰:《明史》,中华书局1999年版,第4837页。

② 朱高正:《易传通解》,华东师范大学出版社2015年版,第112页。

所谓“理则天下只是一个理，故推至四海而准。须是质诸天地，考诸三王不易之理”，①天理泛指自然界和人类共同遵守的规则，是自然而然天之常理。现实生活中，我们遇到有伤天理人伦的事情，就常常说“天理昭昭”“天理难容”，可见“天理”一词已深入人们内心，并把它作为评判是非善恶的标准，不论是谁，只要顺之以天理，就是遵守了最基本的自然法则，否则人神共愤，必遭天谴。

伦理即传统中华法系之原理，也是传统社会的政治法律预设，自然也就是当时社会的法理。在中国古代传统社会中这种“原理”就体现为“名教伦理”，也称为“伦理纲常”。名就是“名份”，“教”即教化天下，通过上定名分并用以教化天下，形成社会的等级制度。孔子强调为政首要要“正名”，做到“君君、臣臣、父父、子子”。董仲舒据此倡导审查名号，教化万民，主要就是要求明确三纲五常。董仲舒将“天”伦理纲常化，认为凡违背三纲五常的言行均是“反天之道”。但“名教”这个词的正式出现是在魏晋。笔者认为，近代以来，对“名教”一词，颇多毁誉。但在几千年的中国传统社会中，却是那时社会意识形态的主要内容，也即几千年中国传统社会的基本“原理”。循此原理，可梳理出当时社会法律生活中的人身关系和财产关系的裁判准则。明初朱元璋变母丧服一年为三年而成为与父丧服制三年一致的情形中说：“夫人情无穷，而礼为适宜；人心所安，即理之所在。”②

下引的就是中国古代社会关于财产关系，同时涉及人身关系的民事责任又引发刑事责任的一个案例。

后晋张希崇断案：

---

① （北宋）程颢、程颐撰，潘富恩导读：《二程遗书》，上海古籍出版社2000年版，第89页。

② （清）张廷玉等撰：《明史》，中华书局1999年版，第999页。

“有民与郭氏为义子，自孩提以至成人，因乖戾不受训，遣之。郭氏夫妇相次俱死。郭氏有嫡子，已长，时郭氏诸亲与义子相约，云是亲子，欲分其财物，助而讼之，前后数政不能理，遂成疑狱。希崇览其诉，判云：‘父在已离，母死不至。止称假子，辜二十年抚养之恩；倘曰亲儿，犯三千条悖逆之罪。颇为伤害名教，安敢理认田园！其生涯并付亲子，所讼人与朋奸者，委法官以律定刑。’闻者服其明。”①

在本案中，郭氏之义子，本与之为收养关系。但由于“乖戾不受训”，已经“遣之”。这是第一条。另外当母亲去世的时候，不来奔丧——“母死不至”。这是第二条。由此两条，足证收养关系已绝。尤其是第二条，“母死不至”，为“礼法”不容，则“天理”何在？不仅如此，如果此义子还坚持这一点，那么在刑事法律上，还要承担责任——“犯三千条悖逆之罪”。其现在居然以收养关系存在为名，来分财产。笔者认为，不仅愚蠢，可谓大胆！

这样，“天理”这一最高自然法则成为最高的伦理法则，而伦理（礼）则是传统中华法系的政治法律构成。随着礼之所去，刑之所取，出礼入刑，伦理成为传统中华法系之政治法律原理，也即法理，也就是整个社会的原生性的政治法律基础。

## 三、当代法治视野下“理”的类别

### （一）“理”的类别划分

在探讨“理”的四个类别之前，首先需要说明一个概念，就是“事

① （北宋）薛居正等撰：《百衲本旧五代史》，国家图书馆出版社2014年版，第563页。

理”。“事理”就是事物的道理。在佛学释义中，因缘生之有为法叫作“事”，不生不灭之无为法叫作“理”。所谓“有为法”，笔者理解就是一切的存在；所谓“无为法”，笔者理解就是存在的事物的规律，这与凡俗世界理解之事理并无两样。

根据以上的论证，我们可以推导出一个结论，“事理”是一个非常宽泛的概念，万事万物之理，均可称为“事理”。当然，我们是在当代法治视野下来探讨“理”的四个类别，故下面我们探讨的四个“理”，均为法律活动中的“事”之“理”。

汪习根教授从国家政治法律构成、民族风格和特色、效力论层面、论证程序等四个方面考察了“理”的四个类别。借用身体所处的位置在自然空间所占的宽度之“身位”概念，认为“理”占有原理、定理、公理与道理这四个身体位置宽度的位置，分别是“原理”（政治预设）、“定理”（法源经验）、“公理”（公共意识）、“道理”（根据理由）。

“原理”是一种政治预设，是国家的政治法律构成，是法内之理，或即法理本身。也就是从社会的经济、政治、法律制度及其意识形态方面，明确了“理”存在的价值就是保证、维护一个国家内部占统治地位的生产关系存在的合理性，当然这种生产关系的合理存在必然会直接影响到这种社会状态下人们消费品的多少和人们在社会生产中的地位的高低，并进而从人存在的角度上来看，决定了每一个个体的“人”存在的价值有多大。这就是“理”的价值。在共和政体之前的漫长的中国传统社会中的原理就是伦理，也是当代的法理。现代中国之“原理”也即当前社会形态的经济、政治制度及其意识形态。原理即正源法理。

“定理”就是某一特定国家根据这个国家的法的来源或者说出于本国本土法律实践的经验而确定的“理”，常常表现和被理解为“常理”。之所以说是从本国法的来源和本国本土实践经验的角度考察，是因为每个国家政治和法律产生的主要实践经验都千差万别，各自具有不同的特征。古代中国的震旦盆地的相对独立和自给自足的自然经济使中国古代的基本政治结构和各种民事、行政规范无不彰显着自然经济的特点。比如，自《唐律》至《清律》，都明文规定"祖父母、父母在而子孙别籍异财"为犯罪，这种保护自然经济良性运转的立法现象就是一个明显的特征。《唐律·捕亡律》规定，邻里被强盗及杀人，告而不救助者杖一百；闻而不救助者，减一等。因为传统的中国个人不是被视为一个单个的人，而是被设定为一个特定社会团体的成员，因为家国一体，必须要对这个社会团体负整体的责任，这就是民族的特色。在当今社会，个人只对自己的行为负责的法律观念逐渐占了上风，但是在道德层面，如小悦悦事件，公众的舆论民情还是铺天盖地而来，因为这虽然是在道德层面上，其实仍然隐含着在法律层面上是否应该予以帮助的义务心理在斗争。

"公理"就是"公共之理"，常常表现和被理解为"常识"或者"常情"。各个族群根据长期的经验总结出来并确立的符合这一族群"公共意识"之"理"，常常与"情"之中"公众意志"互通，故又被理解为"常情"。比如东汉王充《论衡·答佞》："故曰：刑故无小，宥过无大。圣君原心省意，故诛故贳误。""诛故贳误"就成为那个时候国家法理学意义上符合公共意识的"公理"，也即当时"公众意志"之"常情"。今天我们的刑事法理中的故意与过失原则，在我们祖先的公共意识之中早就有了现成的答案。范愉教授理解的公理，就是社会共同的行为规范，比如习惯、传统、共同规则，就是公众之情（意志），也即民众的基本合理诉求之状况，久之就成为了世间约定俗成的事理标准，这与汪习根教授的理解并无大的差异。

根据现行法律规定，定理和公理中的自然规律，在法律论证程序中与原理一样，可以直接适用，但公理中其他的经验法则是否能够作为法理或符合法理要求进而最终影响到正义的实现,这是一个不断考量规制的过程。而“道理”就是在法律论证程序过程中所体现出来的具体的根据和理由,能否支持正义的实现,司法官员的内心确信非常重要。

(二)经验法则——在诉讼或证据层面上的“理”

张卫平教授指出,在诉讼法或证据法理论上,审理案件认定事实过程中所依赖的日常生活经验就是“经验法则”。经验法则,是指人们从生活经验中归纳获得的关于事物因果关系或属性状态的一切法则或知识。[①] 按照本间义信的观点,经验法则既包括自然法则,也包括人们意识之中的逻辑法则、数学原理,社会生活中的道义准则、商业交易习惯等各个生活领域中的一切法则。在对经验法则进行类别划分的方面,张卫平教授基本赞同德国学者普维庭教授的分类方法。普维庭教授将人们的经验规则分为生活规律、基本经验原则、仅具有较低盖然性的简单的经验规则、没有盖然性的纯粹偏见等四类。[②] 笔者在此基础上,结合日本学者本间义信教授的划分方法进行综合分析。这样,人们根据科学方法,通过观察所获得的关于自然现象的“自然法则”就形成了一种生活规律,表现为“如果——总是如此”,但其他的三种——基本经验法则、仅仅具有较低盖然性的简单的经验规则、甚至没有盖然性的纯粹的偏见就属于支配人们思维的逻辑法则、数学原理、社会生活中的道义准则、商业交易习惯等,这可以遍及各个生活领域。换句话说,基本经验法则表现为“如果——则大多数情况下是如此”,有可能“有的情况下不是如此”;仅仅具有较低盖

① 张卫平:《彭宇案与“常理”(代卷首语)——谈民事诉讼中经验法则的运用》,载《司法改革论评》2008 年第 1 期,第 3 页。

② 参见[德]汉斯·普维庭:《现代证明责任问题》,吴越译,法律出版社 2000 年版,第 155-160 页。

然性的简单的经验规则表现为"如果——则有时是如此",那么"许多时候就根本不如此";没有盖然性的纯粹偏见则表现为"如果——则基本情况下不是如此"(见表2-1)。

**表2-1 经验法则的逻辑规律**

| 经验法则 | 逻辑规律 |
|---|---|
| 自然法则(生活规律) | "如果——总是如此" |
| 基本经验法则 | "如果——则大多数情况下是如此" |
| 仅具有较低盖然性的简单的经验规则 | "如果——则有时是如此" |
| 没有盖然性的纯粹偏见 | "如果——则基本情况下不是如此" |

这样我们就能得出结论,除了人们根据科学方法,通过观察所获得的"自然法则这种生活规律、或者已经能够完全证明了的自然规律及定理"之外,剩下的一切经验法则均应经过缜密分析,符合逻辑,方可谨慎运用。换句话说,经验法则尚处于"公众直觉"这个层面,这一点在我国相应法律规定中能找到相关证明。根据《最高人民法院关于民事诉讼证据的若干规定》第10条的规定,"下列事实,当事人无须举证证明:(一)自然规律及定理、定律;(二)众所周知的事实;(三)根据法律规定推定的事实;(四)根据已知的事实和日常生活经验法则推定出的另一事实;(五)已为人民法院发生法律效力的裁判所确认的事实;(六)已为仲裁机构的生效裁决所确认的事实;(七)已为有效公证文书所证明的事实。前款第二项至第四项规定的事实,当事人有相反证据足以反驳的除外;第五项至第七项规定的事实,当事人有相反证据足以推翻的除外。"

也就是说当有相反证据足以反驳或者足以推翻时,当事人依然要对自己所主张的事实(法律要件事实)加以证明。但这其中不包括自然规律及定理、定律。从逻辑上来看,既然是自然规律和定理、定律,当然就不存在提出证据加以反驳和推翻的问题。

张卫平教授对彭宇案中法官审理案件运用常理这一经验法则推论的过程,进行了层层辨析。辨析的过程趣味性很强。[①] 第一,法官认为本案争议焦点之一是原、被告是否相撞,张卫平教授指出,这一焦点应表述为“被告是否撞了原告”,所谓“原、被告是否相撞”不太准确。第二,“从常理分析,其与原告相撞的可能性较大”(请注意,这就是法官所认为的“常理”)。“如果被告是见义勇为做好事,更符合实际的做法应是抓住撞倒原告的人,而不仅仅是好心相扶。”但是法官忘了一点,基本经验法则表现为“如果——则大多数情况下是如此”,那就有可能“有的情况下不是如此”,那么,抓住撞倒原告的人的行为是见义勇为,不去抓撞倒原告的人好心相扶就不是见义勇为?第三,如果是做好事,那么在原告的家人来了之后,就一定要离开?去搭把手就成了不合“常理”?也就是法官认为,原告的家人来了以后,做好事的人就一定得离开,不离开不合常理,不离开接着干好事儿是不合常理的——荒谬的推理。第四,“被告在事发当天,给付原告二百多元钱款,而且一直未要求原告返还”,而“原、被告素不认识,一般不会贸然借款”。从这个论断可以推导出来,法官认为,借钱也有悖于常理,那么请问在做好事的时候,谁还再敢随便给别人垫付钱款?在法官的思维中,做好事的人应该完成一系列动作才能算做好事(好心扶人+抓住撞倒原告的人+言明事实+自行离开)。事实上,每个人处在不同的情境中,当事人的思维方式和行为模式均不可能完全相同,但将“仅仅是好心相扶”就不是见义勇为做好事作为推定的前提显然是十分勉强的。

以上这几点都是或然的一个可能,到了法官那里就成了一个必

---

① 张卫平:《彭宇案与“常理”(代卷首语)——谈民事诉讼中经验法则的运用》,载《司法改革论评》2008 年第 1 期,第 2 页。

然的推断，在法官那里，其常理是“不相识的人之间不会贸然借款”，否则就是赔偿款。这种推论似乎不太可能成立。笔者认为，首先这不是普通的“借款”，这是在危急时刻所需要的钱款，其实在危急时刻，应该是所有人都会垫付款，这才是社会真正的“常理”。其实这里折射出法官所遵循的社会主流价值观念是“人性本恶”，而非“人性本善”，其逻辑出发点是“恶”。

审判实践中，还存在另一种现象，就是在适用经验法则过程中主观臆断，以个体认知代替大众认知进行推断。例如，2012 年 3 月发生在上海虹桥机场的江虹乘航班超时案。江虹欲搭乘 12 时起飞的南航航班飞往深圳。可是被告知虽然一般航班起飞前 30 分钟停办登机手续，但是上海的登机手续须提前 45 分钟办理。上海长宁区法院将“航班起飞前 30 分（上海 45 分）停办登机手续”作为顾客须知是“生活常识”的认定和判断并由此驳回了江虹的请求。其实，以中国当前的国情（民情），许多人是没有坐过飞机的，而没有在上海坐过飞机的人更是大多数，因此就算是航班起飞前 30 分钟停办登机手续能作为常识，但在上海改变为 45 分钟，显然，这不应当属于“生活常识”。

2009 年 5 月发生的扬州公交公司的职工汪某驾驶大客车与顾某所骑自行车相撞致手镯受损案，就涉及原告提交鉴定的手镯是否为事故中受损的同一实物及受损前是否属于完好状态这一事实的举证责任的分配问题。法院最终认定，原告提交鉴定的手镯系事故受损的手镯及受损前状态完好这一事实具有盖然性。

虽然，根据证据规则，似乎原告应当承担举证责任，但要求原告承担这一举证责任对于其明显是不公平的。原因在于，证明当庭提交的手镯即为案发时被撞损的手镯是不可能的，因为案发前的手镯在逻辑上已经不存在了，只能从高度盖然性的角度进行判断。只要当庭提交的手镯与所提交鉴定的手镯在外部特征上具有极大的相似性，我们就应当认定两者具有同一性。同时，庭审中原告提供鉴定的手镯实物与检测证书比对一致、检测证书未表明手镯瑕疵状况、手镯具有裂痕及手镯为原告所占有为事实。而且，要求原告证明手镯在碰撞发生前是完好的也是不合理的。基于理性人的假设，佩戴手镯是为了增加自身的外在美感。原告作为理性的个体不可能将存在明显损坏的手镯佩戴于手上。因此足以推定该手镯之前是完好的而无须举证证明。综上所述，本案中原告已经尽到了完全的举证责任。本案审判人员从高度盖然性和理性人的假定出发对双方当事人举证责任的分配和相关证据的认定是合适的。

总之，张卫平教授强调在诉讼中可以运用经验法则，也必须要运用经验法则，但是一定要正确地运用，要考虑这种推定的中介是否具有事物之间相互联系的高度盖然性。也就是说，要谨慎地运用经验法则。

## 第三节　“情”的内在蕴涵与本源价值意识分析

### 一、“情”的内在蕴涵

何为“情”？常情有二，一曰主观、二曰客观。拆分开只是方便对其进行描述，事实上，这种二元论的划分描述，是不符合中国人的传统思维的，因为事实上不仅情理是互通的，主观之情与客观之情也是互通的。

笔者对“情”的内在蕴涵的事实描述，主要是借鉴了汪习根教授的描述“情”的内涵的提法。但将“情”划分为主观方面和客观方面，又与汪习根教授的理解不尽相同，是借鉴了林端教授的提法。林端教授认为,“情”既包含客观层面上的事情、情况、情节等含义,也包含主观层面上的感情、心情、人之常情,甚至还包含家族伦理中的亲情等含义。①

情的客观方面,可以称为“情境”。“情境”又分为广义和狭义。笔者认为,广义的“情境”,应当包括国家之情境、社会之情境、民众之情境,也被称为“国情”“世情”“民情”;狭义的“情境”,当然就是我们常说的“案情”“情节”“情况”。

情的主观方面,包括公(私)的意志和情感。私人意志和私人情感,就是通常所说的“人之私情”,基本上是摒弃不谈的。关于公众意志和公众情感,公众意志是我们经常用到的“常情”,这与“常识”互通;我们经常接触的是公众情感,其实这是一种“公众直觉”,也被称为“民情”。这里的“民情”指的是公众的情感,是基于某一种临时的、偶然的事件显现出来的情感,而作为客观方面的“民情”,是指某一段历史时期的民众的基本“情境”“境况”(见表 2-2)。

**表 2-2 “情”的内涵**

| 主体 | 小类 | 事实描述 |
| --- | --- | --- |
| 公众之情(客观) | “情境” | 作为宏观、一般层面的客观“民情”,是思考情的生长方向的前提 |
| | “实情”“情况”“情节”“案情” | 作为微观、具体层面的客观个体“境况”,以支撑经验法则的论证在推理论证中发挥作用 |

① 林端:《韦伯论中国传统法律——韦伯比较社会学的批判》,中国政法大学出版社 2014 年版,第 87-89 页。

续表

| 主体 | 小类 | 事实描述 |
|---|---|---|
| 公众之情（主观） | 公众意志 | 作为主观的“常情”并与公理中“常识”互通，推导“理性之情”是否可以作为经验法则在推理论证发挥作用 |
| | 公众情感 | 重点作为舆论民情或公众判意，探讨“感性之情”在推理论证发挥作用 |
| 个体之情 | 个人所处情境（客观） | 作为具体层面的客观个体“民情”，在推理论证中作为具体的根据和理由发挥作用 |
| | 个人意志、人之私情（主观） | 不论、摒弃之 |

在情的客观方面，笔者着重论述的是“国情”“世情”“民情”这种广义情境；在情的主观方面，笔者着重论述的是“公众情感”这种公众直觉。

客观方面的“情”有两个方面的内涵，汪习根教授称为“面相”。第一个内涵是“情境”。“情境”者，情景、境地、环境也，即一定时间内各种情况的相对或结合的境况。《左传》说：“险阻艰难，备尝之矣；民之情伪，尽知之矣。”[①]照此理解，“情境”就可被理解为“国情”“世情”“民情”。这是站在宏观层面来说的。笔者将在后文重点描述。

第二个内涵是“实情”“情况”“情节”“案情”。《周礼》疏有云：“情，谓情实。”此处的“情”，意为实情、情况。可以理解为社会中人与人在交往实践中作出情理行动时面临的境况。

作为微观、具体层面的客观个体“情境”“境况”。美国学者阿尔文·托夫勒在《未来的冲击》中提出，任何一种情境都可以用物品、场

---

① 古敏主编：《中国古代经典集粹》，北京燕山出版社 2011 年版，第 250 页。

合、人、社会组织系统的场所、概念和信息的来龙去脉五个组成部分来加以分析。相比之下,中国人传统的法律生活中对作出情理行动时所处的情境作出判断后作出选择,要比阿尔文·托夫勒的描述复杂得多。

在中国社会中,人人都处在由血缘关系或者“拟亲属化”确定的、由己外推的社会关系之中。遇到问题时首先作出判断,遇到的事情有大有小、有难有易。这时候社会关系的主体将就自己承担的角色和问题的性质来确定自己的责任,从而决定作出什么样的反应。经验是指作出情理行动之前,对于互动双方历史上的互动效果,如信任度的综合评价。用王思斌教授的观点来说,这是一个关系—问题—责任—经验四位一体的行动模式。其实这个四位一体的行动模式还是建立在费孝通先生的差序格局理论之上的,具体来说,这时候一个个体的人,就要在当时的情境中根据这四个要素作出行为选择,位居第一的当然是关系的远近,如父母与子女的关系,父母在自己的孩子掉进水里面的时候,根本无暇考虑自己不会游泳的现实,直接就会跳入水中;然后是作为互动中介的事情的性质,比如,虽然是非常近的血缘关系,但其实只是涉及可能更加必要的同事或同学之间的关系处理,这样事情性质就变得并不是非常紧急和必要;第三个要素是当事人对该事情的责任认知,如果是自己仅仅具有限制行为能力的孩子,对别人造成了伤害,那当然自己的监护责任是推脱不了的,但如果仅仅是一个路人落水,这时候是否见义勇为,就取决于一个人的良知;最后一个要素是人与人之间已往的共事经验,如民间借贷,两者之间的共事经验有非常重要的影响,比如,甲曾经借给乙两万元,现在如果你是乙,面对甲向你借一千元,那好像就很难拒绝。

在中国传统法律中,“实情”对刑罚的轻重有直接的影响。

> 凡以毒药药人，谓以鸩毒、冶葛、乌头、附子之类堪以杀人者，将用药人，及卖者知情，并合科绞。虽毒药，可以疗病，买者将以毒人，卖者不知毒人之情，卖者不坐。“即卖买而未用者”，谓买毒药，拟将杀人，卖者知其本意，而未用者，流二千里。[①]

从唐律的规定中可以明显地看出，无论是用药人还是卖药人，在以药杀人的犯罪情节中，是否知实情对处以刑罚的轻重有直接的影响。

主观方面的“情”就是“人情”，是人的本性。喜、怒、哀、惧、爱、恶、欲都是人的本能。《说文解字》中认为：“情，人之阴气有欲者。”[②]从自然属性的视角来看，情当然是人之情，左边是竖心旁，说明情是外界事物即客体影响主体人产生的心理活动、心理状态。这种心理活动和心理状态又通过文字和语言载体来表达。范愉教授认为，人之常情就是我们说的人性、人的本能这方面，其实就是指人的欲望、意愿。晁错《论贵粟疏》：“人情一日不再食则饥，终岁不制衣则寒。腹饥不得食，肤寒不得衣，虽慈母不能保其子，君安能以有其民哉。”

主观方面的“情”也有两个内涵，“情意（意志）”与“情感（直觉）”。

“情意”或者“情感”是一种态度体验，是态度在生理上一种复杂又稳定的生理评价。晋陆云《与陆典书书》：“且念亲各尔分析，情感复结，悲叹而已。”白居易《庭槐》诗：“人生有情感，遇物牵所思。”与情绪倾向于个体需求欲望相比，“情意”或者“情感”更倾向于公众需

---

① （唐）长孙无忌等撰，岳纯之点校：《唐律疏议》，上海古籍出版社 2013 年版，第 287 页。

② （东汉）许慎著，汤可敬撰：《说文解字今释》，岳麓书社 1997 年版，第 1438 页。

求欲望上的态度体验。从“情”的主体来说,有公众之情意与情感和私人的情意与情感之分。这里重点探讨的是公众之情意与情感。

“公众情意(意志)”。“社会公众”就是社会共同体中的所有人,在今天,在中国,就是全体人民。这种“意志”是一种前法律意义上的意志要素。它是在成文法出现之前,就凝结于一定氏族、民族、社会共同体内部的针对普遍的现象如何界定、如何处理的潜在的共同的“合意”,就是“常情”,又与“常识”互通,或者说就是习惯法和经验法则。陈顾远教授认为,关于习惯,只要不违反公序良俗,只要明文规定的法律中还没有相应的其他规则,这种习惯就是有效的,就是习惯法。“事物之理与经验法则还都不是从人情中酝酿而成,孕育而出吗?”①笔者认为,陈顾远教授所说的习惯,可以归入“公众之情”的“情意”之中,换句话说,习惯即常情。而孕妇要不要处死刑,其实这不需要判断。但事实上“审判期间怀孕的妇女不处死刑”这种法则成为规范,在各个族群的立法历史中都经历了波折。

“公众情感(直觉)”。这里的“公众直觉”,也就是“民情”。“世上公众之情感(直觉)”“天下民众之情感(直觉)”,是本节重点探讨的内容之一。

作为一种直觉判断的“情”。在汪习根教授看来,“情感”是社会公众对法律的感性认识,是法律心理层面的东西,是一种“直觉判断”。这种判断不需要专业知识,只凭直觉即可。

至于“人之私情”则是“个人意志”“个人直觉”。既然有“公众意志”,当然就有“个人意志”,既然有“公众直觉”,当然就有“个人直觉”。但是跟法律生活直接相关的,主要是“公众意志”和“公众直

---

① 范忠信等编:《中国文化与中国法系——陈顾远法律史论集》,中国政法大学出版社2006年版,第275页。

觉”,关于“个人意志”和“个人直觉”,可能会出现在具体的个案中,作为当事人的个别境况、情节,也可能出现在司法过程中,表现为司法人员的个人意志和个人直觉,常常被称为“内心确信”。但是中国人传统法律意识中的“个人意志”和“个人直觉”统称“人之私情”。当然,更广泛意义上的“人之私情”主要表现的是亲情、友情、乡情、同事情、同学情等。霍存福教授对人之私情作了具体化的限定,指出人之私情基于血缘会产生亲情、基于人与人的交往友谊会产生友情、基于工作关系会产生同事之情、基于共同学习会产生同学之情。这不是人之常情,这是人之私情。关于这种人之私情,在法律活动中采取什么样的原则,霍教授也以一副清代河南内乡县衙刑房对联来说明这个情况:

按律量刑昭天理,
依法治罪摒私情。[①]

因此法官在涉及明显与个人有直接亲情、友情、同学之情等人之私情关系的时候就需要回避。当然,关于回避的范围,各国立法并不一样。除了回避之外的法官内心确信,个人的私人情感在自由裁量时就取决于“良知”。

范愉教授认为,“人之私情”就是“情面”或者“人情”,就是指人际关系、社会关系。范忠信教授认为,“私情是一种摆不上桌面讲的情”。[②] 这层意思体现了“人之私情”。范愉教授提到的“情面”则体现了“人之私情”的中国传统味道,很有代表意义。情面就是面子,在

① 尹先敦编著:《历代官署衙门楹联选》,中国文联出版社 2003 年版,第 89-90 页。
② 范忠信等:《情理法与中国人》,北京大学出版社 2011 年版,第 26 页。

中国人传统意识中,人与人在交往实践中是否给面子,要比给金子和银子重要得多,这涉及人的尊严问题,影响着人在社会交往中的地位是否能够正常维持。但在法律面前,人的面子是否有渗透力和穿透力,这是一个值得思考的问题。值得欣慰的是,据考证,宋代的《名公书判清明集》的援法裁判中没有一例适用的是人之私情。

后汉霍谞为舅舅宋光辩诬案中"情"的主客观内涵展现的非常全面清晰。《后汉书》载:霍谞舅舅宋光被人诬陷,罪名是"妄刊章文",关在狱中。十五岁的霍谞向大将军梁商写信说:

> 谞闻《春秋》之义,原情定过,赦事诛意,故许止虽弑君而不罪,赵盾以纵贼而见书。此仲尼所以垂王法,汉世所宜遵前修也。
>
> 谞与光骨肉,义有相隐,言其冤滥,未必可谅,且以人情平论其理。
>
> 光衣冠子孙,径路平易,位极州郡,日望征辟,亦无瑕秽纤介之累,无故刊定诏书,欲以何名?就有所疑,当求其便安,岂有触冒死祸,以解细微?譬犹疗饥于附子,止渴于鸩毒,未入肠胃,已绝咽喉,岂可为哉![①]

在本案中,案情、情节、动机分别体现为:

A. 案情(客观)——舅舅宋光被人诬陷,罪名是"妄刊章文",关在狱中;

B. 情节(客观)——按"人之常情",宋光不会有那样的行为,而且"守阙连年,而终不见理";

---

① (南朝宋)范晔撰,(唐)李贤等注:《后汉书》,中华书局1999年版,第1090页。

C. 动机（主观）——霍谞建议梁商注意“原情定过”的春秋大义是重视动机。他以为宋光缺乏动机，因为宋光是官二代，仕途发展顺利，地位又较高，“无故刊定诏书”，犯罪毫无必要。

霍谞复引《春秋公羊传》所载许止虽弑君而不罪、赵盾以纵贼而见书两个案例来说明有无犯罪动机的区别。许悼公生病，吃了他儿子许止进的药而亡，但许止没有犯罪动机，故不见罪。相反，赵盾以纵贼而见书。晋灵公听信屠岸贾的谗言，想杀相国赵盾。赵盾逃亡路上碰到他的侄子赵穿。赵穿告知赵盾欲杀灵公，赵盾躲进首阳山。因此太史董狐记载：“秋七月乙丑，赵盾弑其君于桃园。”赵盾无心弑君，可是却见诸史书。最后，梁商因“高谞才志，即为奏原光罪”。

## 二、“情”的本质——主客体交往实践中的“本源价值意识”

对情的本质的深入挖掘，有利于我们深入理解为什么情理是中国法的内在理据之基础。这里面渗透着从法哲学的角度探讨人的本性的意味。价值是“情意”或者“情感”的基础，人对自身、对他人、对物认同的价值，是“情意”或者“情感”的支撑，“情意”或者“情感”是这种价值的量的关系或比例。所以根据价值的目标指向不同，“情意”或者“情感”可分为对物的情感、对人的情感、对己的情感。情感与价值的关系是主观与客观的关系，人的情感不管多么复杂，都可以找到它的价值对应客体，价值关系的每一次变化都一定影响情感的变化与波动，但又不是完全同步的、一致的，常常是动态的、非线性的。

虽然，我们提到“合理”与“合情”问题的时候，总是直接联想到法律实践的目标性结果。但从主客体关系来看，“情”本质上是主客体交往实践中的“本源价值意识”，从法律实践的角度来看，这种“本源的价值意识”直接影响主体的情理选择。

探讨这种“本源的价值意识”,剖析“公众意志”和“公众情感”的合理性,以对某种经验法则进行可普遍化证成的过程进行理性分析,有非常重要的现实意义。当然在某种案件的法律事实的论证过程中,对个体正义的实现,也有十分现实的意义,那自是不需赘言。

杨国荣教授在本体论层面认为,“情”所表示的首先是事物多样性规定的法则,代表了事物的特殊性、差异性。杨国荣教授从哲学家的高度研讨了在这个流变的世界中,法律交往实践的目标性结果出现之前过程的展开面临的理性化或合理性选择问题。这种理性化的选择的实现与目标性结果的实质正义有直接的关联,因此,理性化的选择须符合正义的法则、原则或规范。从实质层面看,实践过程的理性融会贯通既涉及“合理”这种普遍性法则,也关乎“合情”这种多样规定的特殊性、差异性法则。“合理”,表现为从形式的层面循乎价值原则,“合情”意味着在实质的层面合乎一定的价值取向,两者的合力直接决定了法律实践活动的正当性,或者说合理性或理性化。

陈顾远教授认为,“人当然有人之性,人当然有人之情。所以圣人依人性而制礼,缘人情而作仪,在道德律上如此,在法律上更应如此。儒家是‘亲亲而仁民,仁民而爱物’,并非‘拂人之性’而为说。‘泛爱众而亲仁’,‘老吾老以及人之老,幼吾幼以及人之幼’,也是根据人情而立言”。①

杨国荣教授从孟子的“仁民爱物”哲学思维出发,从主客体关系的角度提出了儒家“合情”的两个原则——“仁民”原则(人我原则)和“爱物”的物我原则(天人原则)。这两个原则正是交往实践理性化价值层面的前提和基础,也是对法律主客体交往实践过程理性化

---

① 范忠信等编:《中国文化与中国法系——陈顾远法律史论集》,中国政法大学出版社2006年版,第275页。

体现出来的价值取向和价值意识进行的哲学表达。

杨国荣教授认为,“情”是法律主客体交往实践过程的价值意识和价值取向。如果说,普遍的规范、原则主要从形式的层面体现了一定的价值取向,那么,情感则从实质的方面展现了具体价值意识。实践过程的理性化中的合“情”与合“理”的统一,构成了实践过程中理性化的具体形态。不过,这种理性化的形态的价值层面的东西,则主要从“合情”方面体现出来。

亚圣孟子指出:“君子之于物也,爱之而弗仁;于民也,仁之而弗亲。亲亲而仁民,仁民而爱物。”[①]君子对于万物,爱惜它,但谈不上仁爱;对于百姓,仁爱,但谈不上亲爱。亲爱亲人而仁爱百姓,仁爱百姓而爱惜万物。这说明,爱是有层次差等的。对物(朱熹意指禽兽草木)而言,爱主要是爱惜。朱熹认为要“取之有时,用之有节”。古人说不能“涸泽而渔”就是这个意思。但是谈不上亲爱、亲近。对民,也就是人人之间,爱主要是仁爱。对亲,也就是自己的亲人,则是一种基于血缘关系的亲爱,是一种人的本能体验,是爱中最自然、最基本、最亲密的层次。亲亲,才有可能延伸去仁爱他人;仁爱他人,才有可能爱屋及乌地去爱惜万物。所以,爱有差等,但这些亲疏差等之间却又有着本质的、内在的、固有的、必然的联系。

“情”作为本源价值意识在法律主客体交往实践理性化过程中贯通着“仁民”和“爱物”两个法则。

“仁民”是主客体交往实践理性化的“人我法则”。亲亲是仁民的基础和前提。第一个“亲”,就是作为基于家庭伦理关系的情感(亲情);第二个“亲”是名词,即因婚姻、血缘或收养而产生的社会关

---

① 杨伯峻译注:《孟子译注》,中华书局1960年版,第322页。

系——亲属。韩非子有言："仁者，谓其中心欣然爱人也。"[①]仁民是扩大化了的"亲亲"。亲属之亲情是基于家庭伦理关系的情感，在这个基础上，推而广之。亲属是人，他人也是人，尤其是友人之间，也会产生类似于亲属之间的情感。经过适时教育，人会产生与广大之人（广义之"民"）的相互情感作用，形成类似于对人类"终极关怀"的一种博大的情怀。

爱物是主客体交往实践理性化的"物我（天人）法则"。爱从繁体字释义：中间一个心字，上下是一个受字，从字形上来看就是用心去感受爱。仁爱他人自然也就会爱屋及乌地去爱惜万物。从心理学上来说，爱是一种情感，是一种对人或事物亲近、关切、扶助、投入的心理取向。章炳麟《菌说》："荀子曰：'万物同宇而异体。'以异体故必自亲亲始，以同宇故必以仁民爱物终。"

"仁民"是从人我关系方面体现人与人之间的实践原则，那么，"爱物"则从物我关系或天人关系上，展现对待自然、他物的实践原则。"仁民""爱物"体现出来的"亲""仁""爱"作为实践意向都不同于单纯的理性思考，而是内在地渗入了情感的关切，这就是"情"的本质。这种主客体交往实践过程中的"本源的价值意识"，在法律活动的情理选择过程中，起着非常重要的影响作用。

## 第四节　情理与法理的理性定位

### 一、两种不同的法思维模式

对情理的谱系梳理清楚之后，对情理法的关系进行理性定位，就

① （清）王先慎：《韩非子集解》，中华书局1998年版，第131页。

成为当下中国法治重拾自信的需要和要求。

汪习根教授认为关于情理法关系的理性定位必须首先应当以法律为骨架,以天理和人情为灵魂与神经。须在法治视野下对情理进行内涵辨析,是因为最终的目的就是在此辨析的基础上,明定情理与法的关系架构之终极目标是实现法治图景。法治之于中国,本源的理念要早于欧洲。《管子明法》曰:“治国使众莫如法,禁淫止暴莫如刑。威不两措,政不二门。以法治国,则举措而已。”商鞅在《商君书·君臣》中说:“故明主慎法制。言不中法者,不听也;行不中法者,不高也;事不中法者,不为也。”

汪习根教授认为,法律是显性的,情与理是隐性的;法律在前台,情与理在后台;法律是骨架,理和情是灵魂与神经。这样,就能够从价值论层面理解事实论层面的情理法关系模型。

第 1 种模型。情理对法律的反叛——合情合理不合法律的个案的出现。

按“法律是骨架,理和情是灵魂与神经”来理解,下面这个“屈法弘理”案例就是一种法律精神与律条离轨、一种感性的人之常情影响刻板律例的个案。董仲舒《春秋决狱》记载了 232 件个案,是以中国儒家经典为基本原理和原则所制定的一本判例大全。其中有一个夫死再嫁屈法弘理案:船夫出去打鱼,可能淹死了。尸体四个月不见。妻子改嫁。彼时称为夫死未葬,按汉律,弃市。董仲舒认为,夫虽死未葬,但这是找不着尸体,如何下葬?且再嫁不是私行改嫁,是由其母做主,是尊者所嫁,应当屈法弘理。这就是一个典型的个案。今天看来,这种“以经决狱”、理在九天的案例是那个时代的产物,也只能说那时的规范不周延而已。

第 2 种模型。法律对情理的否弃。

人们在多元的价值理念面前,无从思考和决定道德选择的正确道路，认为既然多元的道德准则各有其合理性，那就干脆借助法律实证主义技术，规避这一切难以解决的难题，把它们全部交付制度与规范。汪习根教授断言："合法不合理成为掩盖法律现代性危机的一块遮羞布。"也就是说，这样的"准法而断"，不仅不是一种法律信仰，反而像是鸵鸟一般，把头部钻入沙子中，不理这纷繁复杂世界的各种有关价值秩序的规则，就刻板地、教条地决定了结局，从而把法律当成掩盖危机的"遮羞布"。当然这是无法实现情理法的和谐生长的。

第 3 种模型。情理与法律的分离。

汪习根教授提到，在这里，我们正在探讨的是如何达到一种"合理合情合法"的法律和情理统一的状态，但是现代法律技术化和程序化提高的速度之快，使人们不再像上述法律对道德的否弃那样，还有一种选择的过程在里面。现在，完全不是这样了，法律已经渐趋完全独立于道德之外，作为道德尺度的情理和法律尺度两者之间根本不存在任何关系，它们也根本谈不上背离或者统一了。"从此萧郎是路人"，人们普遍地认为"法"归"法"，"理"归"理"，"情"归"情"，这是很让人担忧的事情。行人完全不遵守交通规则而导致车祸失去生命还是得到许多赔偿就是一个明显的现象。这时的责任划分和民事赔偿，好像就是法归法、理归理、情归情。最后，所谓弱势群体要得到关照。当然这里不是说弱势群体不应当得到关照，而是我们要考虑的另外一个问题：这是否助长了人们对规则的轻视？在发生的老虎伤人事件中，游客明显是轻视规则，结果又当如何？我们洗目视之以待之。

第 4 种模型。情理与法律的交融。

汪习根教授认为，情理与法律的合制度与合价值的统一就是要实现"情理"与"法律"的交融。在笔者看来，汪教授之意就是要在法治现代化建设中，为求和谐之图景，当前的法律"骨架"不宜大动，因为现代中国毕竟也是工商社会，而这种移植来的"骨架"正是适应工商社会的需求而制定完善起来的。当然,“骨架”上面的肉身已经发生了巨大的变化。而且中华法系肉身中的许多有价值的东西正在不断地得到挖掘。比如现行《刑法》中“罪刑法定”原则,我们整理后而知《唐律疏议》中规定:“诸断狱皆须具引律令格式正文,违者笞三十。”这比欧洲早了近一千年。

要以社会主义政治上层建筑的法律“原理”为基、将中华民族数千年积累和沉淀下来的由自己的自然地理特征决定了的、具有自身民族特点的风俗习惯、礼法精神中的“合理内核”作为“定理”,与中国新时期最大的“公理”——“发展”结合到一起,以“道理”为技术手段,从而实现“法律”骨架与“天理”灵魂“情感”神经完善结合,将“准法而断”与“揆诸天理”、“准诸人情”融为一体,对情理法三者的关系架构进行准确的历史定位。这也是在事实论层面上对情理法科学发展的正确战略思考。

笔者在深入理解汪习根教授对情、理、法三者关系进行定位的基础上,深入理解郭星华教授、范愉教授、杨立新教授在阐释情理法的关系时发现,各位专家学者多是将“情理”连用,把“情理”和“法理”作为两种不同的法思维模式来进行论述。从“情理”还是“法理”取向出发,分别代表了实质理性和形式理性法思维模式,并由此引导了不同的法行为模式和纠纷解决方案。当然,这也决定了最后形成的社会规范对社会事实的概括程度。基于形式理性的法治思维模式,最终形成的社会规范必然是社会情境中一般社会规范部分。经常地,以风俗习惯为代表的社会规范,不能成为形式上的法律。

郭星华教授认为,“情理”者,实质理性为特性也。情理选择是中国人的行为模式,中国人这种情理选择行为模式,是中国人处理人际关系的传统。这种行为模式的选择,是基于当时的复杂情境作出的最有利的行为选择。这是一种实质理性,重视情感共同性、普遍性。

王志强则认为情理不是“裁判理由的某个单一方面或其简单叠加的总和,而是这些要素的最佳结合方式,是一种中庸至善的最高境界”。① 滋贺秀三指出:“概言之,比起西洋人来,中国人的观念要顾及人的全部与整体。也就是说,中国人具有不把正义的标的孤立起来看而将对立的双方——有时进而涉及周围的人们的社会关系加以全面和总体考察的倾向;而且中国人还喜欢相对的思维方式,倾向于从对立双方都多少分配和承受一点损失或痛苦中找出均衡点来等等。”②或者说,“‘情理’简单说来就是‘常识性的正义衡平感觉’”。③

“法理”者,形式理性为特性也。就是先把社会事实类型化,然后对社会具体事实通过法律逻辑适用法律原则得出这一具体事实是否为类型化社会事实的过程。“法理”思维所保护的是个人的权利,形式上追求社会正义。认为所有的社会正义都必须通过一个判决来宣示,而这个判决又必须通过法律的逻辑,从权利原则中推导出来。程苗博士在评析韦伯的形式理性时认为:“由于韦伯在其社会学方法论上采取价值中立的观点,因而他只肯定形式合理性,否定实质合理性,并认为两者之间处于一种永远无法消解的紧张对立关系之中。”④

范愉教授认为,法律是理性的产物,与此相对应的就是执法如山、不徇私情。这是对“形式理性”的追求。按实证主义法学的观点,

---

① 王志强:《南宋司法裁判中的价值取向——南宋书判初探》,载《中国社会科学》1998年第6期,第121页。

② [日]滋贺秀三等著,王亚新、梁治平编:《明清时期的民事审判与民间契约》,法律出版社1998年版,第13-14页。

③ [日]滋贺秀三等著,王亚新、梁治平编:《明清时期的民事审判与民间契约》,法律出版社1998年版,第13-14页。

④ 程苗:《韦伯形式理性法理论之评析——兼论建构充分理性的中国法》,吉林大学2011年博士学位论文,摘要第2页。

法律代表一般性，它会无差别地对待每一个人。按照亚里士多德的看法："法律是一种'没有感情的智慧'。"①"一个人可能因感情冲动而做错事情，但所有人不可能因感情冲动而做错事情。"②笔者前面所分析的"准法而断"就是例证。中国历史上，历朝历代都不乏秉公执法之人，如汉朝的张释之，唐朝"南山可以改移，此判终无动摇"的李元纮等。

同时，法律也是情感的产物。法律不能完全忽视人情，罔顾人情。这里的人情指的就不再是人的"私情"，而是人之常情。人之常情是公意情感，而且与人之常理相通，所以我们又把它合称为"情理"。王利明教授认为，法不远人，法律自然要因应人的感情，与人内心的情感标准相一致。当然，在法律适用过程中，应当尽量摒弃感情执法，更不能因情枉法。

霍存福教授注意到，民法学家杨立新教授，曾以《法理与情理》为题，就民事案件中经常遇到的"情理和法理"问题撰文专门讨论，集中谈了法理和情理的关系以及人们应当怎样对待法理和情理两个问题，提出了"情理是法理的基础，法理是情理的升华"等命题。在此基础上重点强调，民事案件的特殊性在于它们是"法理密集型"的案件，厘清其中的"情理和法理"关系尤其重要。杨立新教授就"懂得情理的，就能够懂得民法的法理"这一常识现象，揭示其背后的原因或原理——"民法法理的基础是情理"，所以懂得些情理，就懂得些法理。这是民法范围内"法理"与"情理"之间关系的常态、通例，即"法理符合情理""法理与情理一致"；然而，非常态的"变态"、个例也是有的，也即"法理不符合情理""法理与情理不一致"，其道理在于"法理又

① ［古希腊］亚里士多德：《政治学》，吴寿彭译，商务印书馆 1998 年版，第 9 页。
② ［古希腊］亚里士多德：《政治学》，吴寿彭译，商务印书馆 1998 年版，第 172 页。

不单单是情理,法理有时候超越情理”。

无论如何,“不合情理”却合“法理”的情形,毕竟是“情理”与“法理”关系的变态,是个例;在通例中,“情理”与“法理”二者关系的常态,应是经常符合、一致的。对此,杨立新教授归纳了三点:

> 首先,情理是大众的普遍感情,法理是法学家理性思考的结晶。
>
> 其次,情理是群众论事论理、论是论非的标准,法理是创造法律规则的逻辑基础。
>
> 最后,情理是法理的基础,法理是情理的升华。①

霍存福教授认为,杨立新教授对情理与法理的这些概括展现了“情理”与“法理”的各自特质及二者关系的主要层面。从“情理是……感情,法理是……理性……的结晶”来看,前者是“情(感情)”,后者是“理(理性)”,二者内容不同;同时,从“情理是大众的……,法理是法学家……的”来看,则二者又是分属于不同人群的。同样,就“情理是……事理、是非的标准,法理是……法律规则的……基础”看,二者稍有差别;至于“情理是群众……的,法理是(法学家)……的”,则二者仍然分属于不同人群。进一步地,“情理是……基础,法理是……升华”,二者的存在及发展阶段、程度、层次不同;至于“情理是法理的基础,法理是(由法学家进行的对)情理的升华”,则又显示后者是属于法学或法律家的,与情理属于大众不同。

霍存福教授根据杨立新教授的推断,“情理”至“法理”再至“法律规则”的序列[情理→法理→法律(规则)],认为杨立新教授实际

① 杨立新:《法理与情理》,载《检察日报》2003年10月22日,第8版。

上揭示了法的产生机制。认为杨立新教授在这里实际上又得出了两个不等式：(一些零散、不系统)情理≠法律的基本规则；法律的基本规则≠情理(的精华和真谛)。

各位专家学者的阐释围绕一个核心主题，就是情理以实质理性为特征，法理以形式理性为特征，这是两种不同的法思维模式。

## 二、形式理性与实质理性(伦理理性)关系的思辨

一百多年的努力，确切地说，尤其是将近半个世纪的改革开放推动中国的城乡二元社会向工商城市社会转型，社会事实和实证主义法学在中国的兴起，使中国的法律现代化正式掀开了帷幕，而中国法律现代化正徘徊在情理与法理之间。

孙笑侠教授、范愉教授分别表达了自己的忧虑。而谢晖教授反对情法对立，或者说反对情法二元的倾向，明确指出情法应该交融。笔者对此理解应当"揆情理入法理"，从而达到完善形式理性与实质理性的有效衔接、实现实质正义的目标。

### (一)对"法律非道德化倾向"的担忧

范愉教授通过上海公民李某海诉上海百姓家庭装潢公司案来探讨情理与法理的冲突。在此案中，上海百姓家庭装潢公司管理责任不到位，使其员工在施工现场(李某海新房)自缢，按照中国人的传统观念，李某海当然觉得晦气，装潢公司有一定过错，应该承担赔偿责任。但是法院并未像李某海所期许的那样，完全支持他的诉求，而是按照法理的公平原则，只是部分地满足了他的要求。范愉教授通过本案试图让我们明确情理与法理冲突的几个原因：

第一点，首先一个不能回避的现实就是随着西法东渐，法律移植的结果就是当代中国的法律体系，乃至于一些基本法律范畴均来自西方。所以我们的法律体系一方面是西方移植来的这些概念理念体

系,另一方面是我们老百姓土生土长的对法律的认识;“一方面是好像是现代的非常先进的法律;另外一方面显得是非常落后的一些习俗传统”。在这个问题上,笔者认为范愉教授十分明确地提出了一个观点,就是清末西法东渐以来,成文法理与中华传统法律文化理念产生了冲突。但是笔者认为,范愉教授提到的“一方面是好像是现代的非常先进的法律;另外一方面显得是非常落后的一些习俗传统”的观点有商榷的空间,因为任何一个民族的文化烙印都是几千年来深印心中、传承不息的,这好像不完全是落后的表现,只能说这是一个不能割舍的情结而已。

第二点,范愉教授认为我们现在这个法制改革的速度过快,从而导致了一个“法律非道德化的一个倾向”问题。范愉教授认为由于中国的法治进程没有遵从历史的延续性和循序渐进,对很多法律和道德之间的区别来说,采取了认为应该可以忽视或者不用太多地去考虑道德评价的规定,但是在现实中却遇到了执行不下去的问题。比如泸州遗赠案。从规则上看,黄某彬所立遗嘱的法律效力当然高于法定继承。从法律事实上看,张、黄属非婚同居关系,当地民众普遍认为张某英无权获得遗产。法院根据黄某彬的非法同居行为违反了《民法通则》中“民事法律行为不得违背社会公德的基本要求”的原则认定遗嘱无效。在这里,范愉教授其实是想说明一个问题,道德和法律并没有基本原则上的冲突,而之所以有冲突,是我们的立法有问题,没有全面地考虑维护“公序良俗”之后的现实问题(比如,女方存在特殊的困难或者确实有非婚生子女)。

第三点,范愉教授认为基层法院的程序设计越来越趋向于西方的程序正义。这必然与普通民众的实质正义理念发生冲突,这种冲突在实践中就显得特别突出。在这一点上,笔者认为,其实范愉教授主要认为民众接受“程序正义高于实质正义”的观念需要一个十分漫长的历程,是不会一蹴而就的,然而笔者并不完全赞同这个观点,其实,寻求一种合理的路径,以实现实质正义与形式正义的统一方为上策,本书后面的章节将对这个问题进行深入思考与探讨。

(二)对"实质合理性倾向"的批判

形式理性与实质理性的关系问题,在孙笑侠教授的视野中,是形式与内容的关系问题。孙笑侠教授认为,写在纸上的是形式的法律,而内容的法律,无非是社会事实,包括这个社会的道德、政治、经济、民意等事实因素。中国传统的法律明显重视这些事实因素,孙笑侠教授把中国的传统法律重内容轻形式这种思维倾向,称为"实质合理性倾向"或"非制度化倾向",并认为这有一定的"危害"。

孙笑侠教授指出,中国传统法律的这种"实质合理性倾向",认为程序仅仅是工具化的载体,程序仅仅是手段。这完全与西方的法律传统不同,在西方的法律传统中,政治和道德可能决定法律,但不会认为其本身就是法,中国的法律传统正相反,道德和法律是不作严格区分的,甚至道德可以法律化,所谓"出礼入刑"。立法中一条基本原则就是"法不外乎人情",法官断案的一条基本原则就是"法本人情",法理与情理发生抵触的时候,当然是"舍法取义"。在中国,法总处于"情"与"义"的下位。[①] 孙笑侠教授认为,在案件审理过程中,"法律被所谓的'法官'阉割了,成为每一位法官个人的任意理解、自由裁量的对象,因而法律形同虚设或有名无实"。[②]

笔者认为,对于法官在运用情理观念对案件作出恢复社会关系和社会秩序的解决方案方面的努力,还是应当有所肯定的。因为法

① 孙笑侠:《中国法的"形"与"神"——对中国法传统及其现代化的另一种思考》,载《清华法治论衡》2000年第11期,第218页。

② 孙笑侠:《中国法的"形"与"神"——对中国法传统及其现代化的另一种思考》,载《清华法治论衡》2000年第11期,第218页。

律最终的使命就是实现公平与正义,“舍法取义”之“义”正是其本来的目的。法在“情”与“义”的上位还是下位的理解实际上体现了“法律至上”还是“实质正义至上”的不同认识。

至于以情理来考量法理,将会产生法官个人对法律的任意理解、自由裁量的危险倾向,好像也并不是尽然的,而且不一定会有那么可怕的后果——法律形同虚设或有名无实。因为“任意理解”是不大可能存在的,而“自由裁量”,在任何一种法律模式下都是现实和必要的。司法活动中,传统审判活动对经验法则的适用导致自由裁量范围过大,这一点在明清时代确实如此。但是在当代中国,随着法律制度的日趋严密,自由裁量已经有了合理的规定。当然,法官的“内心确信”是一个世界性话题,同时也是一个心理学问题。

对形式主义法律的描述与赞同。孙笑侠教授认为,韦伯的“形式主义法律”理论主要强调两点,一是国家的法律治理必须依一般规则或原则;二是法律必须独立或者自治。换句话说,就是要把法律原则与伦理原则或者说道德原则彻底区分开来。孙笑侠教授援引了韦伯做过的一个比喻:“一个人把房子卖给另一个人,后来因为穷困潦倒,这位出卖房子的人又找到买房子的人,想住房子。如果买房子的人拒绝这位老式的中国人兄弟般帮助的愿望,传统的法律精神就会被打乱。于是已经贫困的卖房子的人,作为一个未付租金的房客而住进了房子。”①笔者认为,韦伯的这个比喻有些简单,且不论这种法律现象是否真实存在,即便真实存在,也应该跟原来的契约无关,这里的居住是完全出于人道的、无偿的,更可能是临时的居住,居住人不可能再重新取得所有权,这只是一项新的合意。同时,孙笑侠教授还

① [德]马克斯·韦伯:《文明的历史脚步——韦伯文集》,黄宪起等译,生活·读书·新知三联书店上海分店1997年版,第143页。

引用了昂格尔的观点讨论形式主义法律,“仅仅根据规则本身以及是否具备规则所要求的有关事实来论证自己的决定,根本不用考虑公平和效益问题”。[①] 笔者对昂格尔的这句话同样不解,对公平和效益的诉求与正义的实现不应该是绝对对立的。

孙笑侠教授对法律的形式理性的界定逻辑严密,结构紧凑:“系统性的法典经职业法官通过正当程序加以专门化的解释和适用。”[②] 在这里我们可以梳理出来三个要素,那就是系统性的法典、职业化的法官、通过正当程序的解释和适用。关于系统性的法典,我们一直在努力,现在已经初具规模;关于职业化的法官,孙笑侠教授对传统中国的或者说明清时期的法官,包括这些法官的基本素养进行了理性的批判,笔者认为这是非常必要的,即使面对今天的中国法律生活现实,整体司法官员的基本素养提高问题仍是一个需要正确对待的问题,尽管当代中国职业法官已经是一个非常稳定的群体;关于法律程序化,孙笑侠教授对明清以来的复审制,认为这是通过官僚机构内部的相互牵制来达到正确适用法律的方式。笔者认为,层层复审确实会增加诉讼的成本,并且纷繁复杂,但也不失为一种审判监督合理制度。比如,关于死刑复核,由皇帝来最后进行裁定,也体现了一种对生命的尊重。至于专门化的解释和适用,笔者认为,无论是古代、近代还是当代的中国,这一点并没有什么问题。

(三)情理是法理的基础,法理是情理的升华

杨立新教授认为在研究、讨论民事案件情理和法理的时候,法学家和法官分析民事纠纷案件,当然运用法理进行分析,提出符合法律

---

① [美]昂格尔:《现代社会中的法律》,吴玉章、周汉华译,中国政法大学出版社 1994 年版,第 190 页。

② 孙笑侠:《中国法的“形”与“神”——对中国法传统及其现代化的另一种思考》,载《清华法治论衡》2000 年第 11 期,第 224 页。

规则的意见。那些没有学习过民法，或者没有系统地学习过民法的人，面对民事案件也能够滔滔不绝，说上很多自己对案件的看法，而且经常说得头头是道，与法理没有原则的冲突。之所以不懂民法法理的人，面对民事案件也能够说三道四并且不太离谱，是因为民法法理的基础是情理；可是，法理又不单单是情理，法理有时候超越情理，那是为了平衡民事主体的民事利益，两害相衡取其轻，两利相衡取其重，为了多数人的利益和社会的利益，不得不牺牲少数人的利益，作出可能不合“情理”的规定。例如，一个人对某项财产本不享有所有权或者处分权，但是他处分这项财产，只要受让人善意且无过失，受让人就可以取得该财产的所有权。站在该财产的真正所有人的立场上，这是绝对不符合情理的。可是它却符合法理，这就是民法为了保护交易的动态安全，而设立的善意取得制度。在这样的情形下，也就是在所谓的法理密集型的民事案件中，仅仅懂得情理而不懂法理，大概就不行了。因为用一般的情理来衡量这样的案件，来分析这样的案件，没有办法透彻地认识它、理解它，没有办法作出正确的分析和处理。这也是为什么民法要进行专门学习，进行系统训练。

杨立新教授认为关于法理和情理的关系应当是这样的：

首先，情理是大众的普遍感情，法理是法学家理性思考的结晶。情理产生于大众，是大众情感的集中体现，因此，情理体现的是大众的心理，是人民的智慧；法理不是大众的情感，而是法学家经过冷静、理性的思考而创造出来的符合法律逻辑的理论结晶，它不是一般的理论，而是符合社会整体利益的学说。

其次，情理是群众论事论理、论是论非的标准，法理是创造法律规则的逻辑基础。在发生纠纷的时候，在处理人民之间的关系的时候，大众“心中有杆秤”，凭借情理进行是非评断，违反情理，他们就会认为不当，符合情理，他们就会认为理所当然；而法理出自法学家，出自对情理的创造性归纳总结,基于法理创造法律规则,使之符合法律逻辑。

最后,情理是法理的基础,法理是情理的升华。说到底,法理基于情理而产生,情理通过法理而升华。法理离不开情理,情理也不能脱离法理。情理和法理既相对立,又相统一,既有所区别,又相依相伴,紧密相随。这就是法理和情理的关系。

至于在执行层面人们特别是法律人士以及执掌法律的人士应当怎样对待法理和情理的问题,杨立新教授认为,不懂法理而仅知道一些情理的法律人士,应当学习法理,系统地掌握法理,因为仅知道一些情理,并不能掌握法律的基本规则,其实也就是不能掌握情理的精华和真谛。凭借一般的情理,没有办法正确断案。党政首长在执掌政法大权的时候,千万不能轻易依照自己的感觉对案件发表意见,也不能认为自己凭借情理分析对了一些案件,就轻率地认为法理也不过如此。如果仅凭借情理就对案件的处理指手画脚,甚至搞"强制命令",指定法官必须遵守和执行,那就要出问题了。

掌握和精通法理的人士,也不能忽略情理。法理无非情理的总结和升华,情理就是法理存在的基础。"法律无非人情",一句话就说到了点子上。还有一些法学家或者法官以及其他法律人士,钻法理钻到极端,轻视情理,放弃情理,这就是那些"无情"的法官或者法律人士。铁面无私、铁面无情都不是说这样的法官的。断案讲究情理,是要讲究符合全体人民的情理,是普遍的情理,当然不是个别的情理。研究法律,不能脱离人情和社情,脱离一般的情理走向极端。这样的情理法官和法学家要多懂一些,将其作为研究法理和适用法律的基础和灵性,这样法律才能够成为代表最广大人民利益的"活"的思想和"死"的规则,法学家和法官才能够成为人民的法律代言人和裁断者。

### (四)“情理”与“法理”的冲突——中国法律现代化所面临的困境

郭星华教授认为,中国人遵循基于情境的“情理”取向的行为模式。“情理”是人们在交往过程中对一般性社会规范、双方的特殊关系、双方过去的交往经历、将来交往的预期,以及双方自身情况都进行整体权衡的行为模式。中国传统纠纷解决注重基于“情理”对情境困境中的各种因素进行权衡,以恢复或调整双方原有社会关系。现代性法律的“法理”以形式理性为特性,是具体事实通过法律逻辑适用法律原则的过程。在法律运行中“情理”式的行为模式与“法理”式的司法过程发生冲突,是中国法律现代化所面临的困境。

郭星华教授指出,法律现代化,即法治化语境下,将西方国家的法律进行移植取得了正当性,并成为我国近现代法律建设的主要方式。然而,现代性的法律在中国的实践过程中却与中国的传统文化发生冲突,使人们不得不对我国的法律现代性建设进行反思。我国法律现代化过程所面临的主要困境,就是在判断事情对错时,现代性法律依据的是“法理”,而中国人依据的是“情理”。当现代性法律引入中国之后,这两种不同“理”的冲突就显现出来了。

郭星华教授详细地剖析了中国人传统的基于“情理”的行为模式。指出中国社会对做人、做事及其判断往往不是从理性、逻辑的角度来考虑,而主要是从具体情境和人际关系的个别性来考虑。所谓“合情合理”“入情入理”“通情达理”等,都是指人们做事要依据情境、遵循“情理”。费孝通等学者曾指出,中国人的行为是根据不同人、不同情况而作出的,可称其为情境性的行动模式。情境是人处于多种特殊情况都发生时的状态。在《论语》中“叶公语孔子曰:‘吾党有直躬者,其父攘羊,而子证之。’孔子曰:‘吾党之直者异于是:父为子隐,子为父隐。直在其中矣。’”正直的人见到别人偷东西,应该出面作证。亲人之间应该相互保护。《孟子》中“窃负而逃”的故事设定了一个更加复杂的情境："桃应问曰：'舜为天子，皋陶为士，瞽瞍杀人，则如之何？'孟子曰：'执之而已矣。''然则舜不禁与？'曰：'夫舜恶得而禁之？夫有所受之也。''然则舜如之何？'曰：'舜视弃天下犹弃敝履也。窃负而逃，遵海滨而处，终身欣然，乐而忘天下。'"这个故事设定了至少六种相互矛盾的关系组成的情境：舜作为天子应该遵守法律；舜作为天子应该支持士执行法律；皋陶为士，有人犯法时应该执行法律；瞽瞍杀人违犯了法律；瞽瞍是天子舜的父亲；舜应该保护瞽瞍；试问：在这样的情境下应怎么办？这两个故事，都不是对单一关系命题应如何判断进行讨论，而是看重如何在特殊情境下对各个关系命题进行权衡。这种把某一特殊情境中各种情况综合权衡，以寻求解决方案的行为方式，依据的就是"情理"。中国传统纠纷解决是基于"情理"对情境困境中的各种因素进行权衡，恢复双方原有社会关系的恢复性法律。

郭星华教授在剖析中国人传统的基于情理的行为模式的特点之后，解析了中国式法律现代化过程中"法理"与"情理"之间的分歧。比较"情理"与"法理"两种规范，可以看到依据"情理"解决纠纷是为处在特殊情境中的纠纷双方的关系冲突提供解决方案。而现代法律则是通过把相互牵连、相互重叠的多种关系构成的情境割离开，通过"一个抽象的法律前提向一个具体的'事实情形'的适用"来形成"具体的司法判决"。

2000年，华北某村一位老人的儿子死于车祸，老年丧子使老人悲恸万分，然而更让他难过的是儿子去世不久，儿媳妇就招了个"墓角"。这个案例引自王晓蓓的博士论文《乡土社会中的国家法与民间法——对华北农村地区"招墓角"习俗的法社会学考察》。其中描述的"招墓角"是华北农村的一种婚姻风俗，即死了丈夫的妇女不离开原来的婆家，而招一个新夫到亡夫家里来生活，接替亡夫的位置。但是这个媳妇去世后只能与原来的丈夫葬在一起，新招进的丈夫在去世后只能安葬在原夫妻合葬墓的一个边角上，所以，当地把这种婚姻形式叫作“招墓角”。本案的儿媳妇在“招墓角”之后不但拒绝赡养这位老人，还指使自己的儿子将老人的被子、锅碗扔到门外街上，坚决要把老人赶出家门。村里多次调解也无济于事，绝望的老人想到了通过法律手段要求儿媳妇给他养老，可法院的工作人员却因儿媳妇没有赡养他的义务而拒绝为他立案。但是，法院工作人员在了解了老人的情况后帮他分析情况，还替他写了一份起诉书，请求分割老人儿子的财产和抚恤金中属于自己的部分，很快老人就胜诉了。

从“法理”的角度看，老人的儿子去世，儿子与儿媳妇的婚姻关系自然解除，随之儿媳妇与老人的家庭成员关系也就化为乌有，她对于老人也就没有了赡养的义务。而从“情理”的角度来看，除了法律规定外还牵扯到其他的关系因素。从民间习俗看，在人们的认识中，媳妇的脚一旦跨过夫家的门槛，就成了夫家的人，而且永远是夫家的媳妇，即使她在丧夫后重新组建了家庭，也不能改变她的命运，只能在她原配家庭的墓中添加“墓角”。

所以，从民间习俗看，虽然老人的儿子已经去世，可是媳妇却仍然是他家的媳妇，媳妇给公公养老送终是“天经地义”的。丈夫去世不久便招“墓角”，还把老人赶出家门，太不近“人情”。从老人的情况看，受人遗弃没人赡养值得同情。总之，从“情理”的角度，存在很多能被理解但不能诉之于法律的原因，使人们同情、支持老人的要求。本案中法院的工作人员正是基于“情理”判断选择支持老人的要求，采用“法理”的手段来达到“情理”的目的，这里呈现了“实践”与“表达”的背离。

最后，关于如何解决“情理”与“法理”之间的冲突，郭兴华教授认为这是中国法律现代化所面临的困境。

“情理”是中国人的行为模式和纠纷解决的主要依据，而强调逻辑和规范的一般性的“法理”不能满足人们的需要，使人们对法律失望，这将伤害人们对整个法律制度的信任和认同。另外，强调情境的特殊性又阻碍普遍性社会规范的建立和施行。郭星华教授援引赵晓力教授的观点：“倘若我们发现中国基层司法的主要运作逻辑既不是法治的逻辑，也不是礼治的逻辑，而是治理的逻辑；不是规则导向的，而是结果导向的，是实用主义甚至机会主义的，我们如何在这样的逻辑上提炼一套关于规则的理论——因为实用主义和机会主义本来就不是遵守规则，而是利用规则。如果这样的司法理论或者法学理论不是关于规则的，而是关于反规则甚至是潜规则的，那它还是司法理论或者法学理论吗？”

那么怎么办呢？郭星华教授指出，消解“情理”与“法理”之冲突，可以采取以下策略。

其一，在立法和司法组织建设中，注重吸收“情理”的传统。立法者和法律学者应当研究如何把“情理”原则更多地纳入法律的规范之中，使“情理”在法律中有更明确的地位，而不是在实践中借“法理”之名，行“情理”之实。

其二，法治建设进程应当是与本土法律文化和社会现实发展相协调的过程，不可操之过急。萨维尼指出：法律植根于一个民族的历史当中，它“就像语言一样，不是任意的、故意的意志的产物，而是缓慢的、有机的发展结果”。因此，立法者应该做民族精神的真正代表，而不能试图通过立法来改变社会规则的自然演进过程。郭星华教授指出，中国法律系统应当是三个因素相互作用的产物：外来法律文化、本土法律文化、社会现实。这三个因素构成了现代性与地方性互动的框架。所以，过于偏重其中某个因素而忽略其他因素，将使中国法律系统的建设进程发生偏颇甚至反复。

其三,重视法律的地方性,将风俗习惯的内容纳入法律体系之中。“情理”包含对一般性社会规范的权衡,一般性社会规范既包括国家法律也包括民间风俗习惯,目前许多民间冲突正是起因于国家法律与民间风俗习惯的冲突。因此,立法必须在现存的社会风尚中寻求立足之地,立法如果要做到难以被破坏,就必须与社会风尚相一致。法律应当以地方性知识为基础。中国人常说:“十里不同风,百里不同俗”,所以国家法律应当为民间习俗让渡出足够的空间,根据各地实际,将民间习俗通过地方性立法或判例认可的形式纳入法律体系当中。

其四,要注重法律之外的规范体系建设。对法治过度推崇,会使法律原则向其他社会规范领域不适当地扩散。法律的作用总是有限的,在有些社会领域法律并不能有效地去调节,可以让位于家庭伦理、公共道德、职业道德、风俗、行业或社区规范等规范体系,让这些规范体系去调节,实现“各安其位、各尽其能”的效果。

(五)“情法一元”的思考

谢晖教授认为,关于情法关系的情法二分、情法对立的思维定势,是一种缺乏法治思维的命题。认为这种思维定势,“不但割裂了法律赖以生成的社会基础,而且必然导致法律的逻辑因为背离生活的逻辑而被束之高阁。日常生活将以其执拗的秉性对待并撕裂法律的边界,而法律只能徒具外壳,它虽然可能被镂之金石、公之于众,但不可能嵌入民魂、矗立民心”。[①] 谢晖教授的主要观点是法的运行过程应当坚持情法一元的理想法治观,应当从立法、执法、司法、用法四个方面来定位情法两者的逻辑关系。尤为重要的是,在人们日常交

① 谢晖:《法治思维中的情理和法理》,载《重庆理工大学学报(社会科学版)》2015 年第 9 期,第 11 页。

往的情理中寻找法律的规定性并反过来用法律的规定性指导、调整和规范日常生活的规定性,才能真正推进法治现代化的实现。

立法是情理的逻辑化表达。谢晖教授认为,在人类的交往实践中,对自己的"需要",需要向社会表达,而这种"需要",就是人类的"情感"。这里直接用"情感"这个词,其实容易产生误解。笔者认为,这很容易让人误解成人类的一般"日常情感",我们实际上可以把它理解成人类的基本"境况",也就是我们所说的"情理"。在这里,笔者不由联想起梁漱溟先生所谈到的"意欲"这个词。这种"需要"的表达,就是人类的精神现象,当把这种"需要"的表达进行逻辑化处理时,人类就对自己的交往秩序进行了规定,理性秩序形成的时候,我们说,"人为自然界立法"——当然也为人类自己"立法"就成为了可能。这句话反过来说就是:立法本身就是人类对自己的"情感需要"的一种逻辑化的表达。所以,黑格尔说:"凡是合乎理性的东西都是现实的;凡是现实的东西都是合乎理性的。"①立法就是在万事万物中寻求"事物的法的规定性"的过程,其基本目的就是要使人类行为在当下有所方向,在未来有所预期。所以立法,就是人类对自己"情感需要"的一种逻辑化的规范表达。

当然,立法所规范表达的人类"情感",只能是一般性的情感,是常量。而每个人的情感是变量,由此可以推断,一部分人的情感也是变量。所以谢晖教授指出:英美判例法体系以陪审团的多数决定作为情感"规范表达"的基础,所以判例法的立法例,表达个案中"情"的一般性;大陆法系以议会内部多数决定的归纳体系作为情感"规范表达"的基础,所以,制定法的立法例表达"类型化事物"——"情"的一般性(通常表现为风俗习惯)。这样一来,即使是西方的两种立法,

---

① [德]黑格尔:《法哲学原理》,范扬、张企泰译,商务印书馆 1961 年版,第 11 页。

也是从“情理个别”迈向“情理一般”的过程。所以谢晖教授得出结论：法不但能容情，而且法必本乎情，或者说不外乎情。

执法是法理的情理展开。谢晖教授认为立法是人类情感关系的“规范表达”，行政执法是人类一般法理的“情理操作”，而实际上我们常常会看到同案异判、同事异处，这是因为人类情感关系“规范表达”的立法，总结的是社会现实的常量，而行政执法中把这种常量向社会现实展开的时候，就需要把社会上个别的事实及情理代入到一般的法律规定中去。这样，由于社会现象千差万别，当时的时间、地点、人物等基本境况存在完全不同的状态，这就要求在实际执法中应该强调“实事应法”，或者“实事求法”。

司法是法理与情理的博弈。在司法环节，谢晖教授特意指出，司法和行政都是把具体事实的情理内容代入到法律规定和法理规范中的活动，但是司法活动和行政活动所面对的“情理事实”却并不完全一样，因为行政执法面对的“情理事实”不一定存在争议，而且行政执法的基本任务，就是让事实服从规范，把“情理事实”简单地代入到“法理”中；但司法活动所面对的“情理事实”一定存在争议，因为如果没有任何争议，那就不需要司法活动的展开了。这时候司法活动就面对两个问题：一是法律作规范社会事实的常量，永远不会绝对地、全面地规范所有的社会事实；二是法官本身的素质问题，包括法官是否有严谨的逻辑训练，是否有老到的社会经验，是否有明察秋毫的观察能力，当然还包括法官自身的“情感”，“司法行为的社会学理论，整合了其固有战略算计、情感（对这个或那个结果的强烈偏好常常反映或创造出一种情感承诺）和群体走极端等；它横跨了司法行为的经济学和心理学理论，两个有所重叠的理论……”[1]这两个问题的

① ［美］理查德·波斯纳：《法官如何思考》，苏力译，北京大学出版社 2009 年版，第 32 页。

成功化解,要求法官面对法律和情感事实做一个艰难的博弈。在大陆制定法系中,甚至还出现“法官造法”现象,当然这必须以法律面对案件事实时,法律自身有重大破绽为前提。

用法(守法)是情理的规范交往。在这个环节上,谢晖教授首先明确了一个问题:法治社会的社会主体包括公权主体和公民、法人、非法人团体等其他社会主体。认为立法、执法和司法过程是公权力的运用和对公权力的控制,而其他社会主体运用权利、遵守义务的过程被称为“用法”和“守法”(在这里,简称为“用法”),这样立法、执法、司法、用法四个环节共同来兑现法治。相对于“立法”这种社会主体“一般情感”的表达,一切公民、法人、非法人团体等其他社会主体的“用法”过程,就是“个性情感”表达的过程。人在守法的时候表现为恪守义务,这种恪守义务的过程本身就是“个性情感”在“一般情感”范围内的规范交往。人们运用权力,也是在社会“一般情感”的规定范围内自由表达。言论自由就是如此。在社会“一般情感”规定的范围内,人们可以通过网络、著书立说、坊间热议等方式行使言论自由权利,但不论何种方式都不能超出一定的范围,否则自己的“个性情感”就与社会一般情感发生了冲突。所以法律一定会通过强制的手段取缔非法的情感满足,也会通过奖励的手段鼓励高尚情感(如见义勇为理念)的实现。

因此,关于情理法关系的理性定位,主要集中在趋向于“情理”与“法理”的不同价值取向的法思维模式,以及在这种思维模式指引下的法行为模式和纠纷解决方案。其最终决定了社会规范的形成,以及在涵盖一般的社会事实的基础上,能否涵盖特殊的社会情境中的社会事实。事实上,无论是对“法律非道德化”的担忧,还是对“实质合理性”的批判,都有一定的合理性。但是情法一元的思维模式,似乎更加符合中国人的传统法思维。因为不论对社会事实如何甩干而形成形式更加合理的一般社会规范,实质理性(伦理理性)作为统合中国人法律活动的社会力量的内在驱动的惯性,已然存在数千年,这非一朝一夕所能撬动。所以,揆情理而入法理,使情法相融,才不失为一条有效的路径。

# 第三章　情理当代价值的思考

在当代中国，情理的价值何在？范忠信教授指出，法制史的研究，仅提供中国古代法制的使用价值是不够的，应当侧重于价值的挖掘和整理，尤其是体现了中国民族特色的、具有特定借鉴意义的元素，以揭示其与我们民族的生存机理之间的内在联系，然后对其现代功能价值作出评估。

当代中国法学界，对情理法观这一文化基因中“情”和“理”的价值进行了多角度的思考，其中比较有代表性的是陈忠林教授从“常识、常理、常情”的视角探讨了“理”之“经验法则”在法运行中的当代价值；王人博和顾培东教授、侯欣一教授从“舆论民情”的视角，探讨了“公众情感”在法运行中的当代价值。

## 第一节　“常识、常理、常情”是现代法治灵魂

中国现代法治理想的实现过程中，情理与法理是二元选择还是融合生长，当代法学界各位专家学者从各自不同的角度进行了辨析。陈忠林教授在对情理和法理进行斟酌比较后，尤其是对西方法治传统中的自然法学和实证法学进行梳理之后，得出了一个结论，那就是无论是自然法学还是实证法学的基本法理都只能推出一个“恶法亦法”的结果，中国现代法治理想的实现，要靠中国人自己的“情理”，

而中国情理法传统中的“常识、常理、常情”才是现代法治的灵魂，只有将民众所认同的“常识、常理、常情”中蕴含的善恶观念、价值观念渗透到法运行的每一个角落，才能保证人民的权利得到保障，实质正义得以实现。所以立法必须以善恶观、价值观为基础，司法执法以宪法为核心、系统全面地理解每一个法律规范，这样法律才可能体现人性的要求，体现人民的意志，法律才能得到社会普遍的遵循。

## 一、“恶法亦法”的规则之治不可取

根据最高人民检察院第十届全国人民代表大会第一次会议上的报告统计的数据，司法工作人员的犯罪率高于普通民众犯罪率的社会事实，说明在现代法治建设过程中，司法人员的基本素养的问题比制定良法更重要。更何况“良法难立”。在“什么是法？”这个问题上，陈忠林教授认为，第二次世界大战前大陆法系国家的法学理论，都可以归结为一句话，即“恶法亦法”。无论实证主义法学家，还是自然法学家，最终都只能得出一个结论，那就是“恶法亦法”。结果就是允许少数人将自己的意志强加给普通民众。

陈忠林教授在这里打破了几个神话：

神话一：“立法无错”。实证主义法学家强调，法是立法者的意志的体现，即使法律规定不合理，也只能由立法者通过正当的合法的程序来纠正，因为所立之法，要么是上帝旨意在世俗之间的实践，要么是全体民意经过法学家对社会事实的理论抽象出来的原则，所以当法律规范与民众所认同的常识常理发生不一致的时候，只能讲法之“理”，不能讲“情”理。对自然法学派而言，绝大多数自然法学家认为自己所发现的可能就是最高的“自然法则”，并应当作为区分善恶的标准。所以无论是实证法学家，还是自然法学家，所导致的法治必然是社会精英之治，是少数人之治。

神话二:“以立法原意为准”。当司法者、执法者和普通民众对立法原意产生歧义的时候,以立法原意为准。陈忠林教授认为这是不可能的。因为无论社会精英们制定了一个多么美好的国家规则,要想让普通民众在生活中先了解法律规范,再去决定自己的行为选择这几乎是不可能的。陈忠林教授甚至提出,希望大家做一个社会调查,看看有多少普通民众先学银行法再去存款、先学交通法再上街。

神话三:“非鱼而知鱼之乐”。司法者、执法者对立法者的原意能做到原封不动的理解。但“子非鱼,安知鱼之乐”,每个人都有自己的理性思维,司法者和执法者怎么可能对立法者的原意,产生原封不动的理解?何况司法者和执法者个人的学历、经验、性格导致其内心确信的程度,无法能够像机械一样计算得那样清楚。

因此陈忠林教授强调“形式法治”“恶法亦法”的主张是站不住脚的。陈教授梳理了几百年来西方的法治历史。近代资产阶级革命以来,欧洲各国纷纷按照伏尔泰、孟德斯鸠、卢梭等启蒙思想家的天才设计建立了以人民主权、三权分立等理论为基础的近代法治国家。即国家根据社会契约建立国家主权,所以国家的法律应该体现人民的意志;法律应该由议会制定,在人民的社会生活中无条件维护法律绝对权威。但是西方的法治事实,却是一个不断的、自称代表人民的国家被不断推翻的历史,是一段最残酷的“杀人史”。笔者认为,虽然陈教授的阐述没有涉及经济领域的法律原则,但是对西方法治历史中政治法律原则的批判确实切中要害,西方实证主义法律观的形式法治并不是无懈可击的,西方的法治历史也并不值得我们崇拜和盲目跟进,更不能照搬照抄,中国有中国的国情,重要的是彻底的形式法治与中国人的法文化观念并不能完全契合。

## 二、"常识、常理、常情"是社会最基本的是非标准和行为准则

陈忠林教授给"常识、常理、常情"下了一个简单的定义:"是指长期为一个社会的成员普遍认同、而且至今没有被证明是错误的那些指导该社会成员应该如何处理人与自然的关系,如何处理人与人之间关系的基本经验和基本行为规则。"①

陈忠林教授认为,从法的本质上来讲,"常识、常理、常情"是人性中最本源的形态,是最低的社会需要,是最大的民众利益共识,几乎可以说是不证自明、不教而会的准则,是一个社会对"德"性的最基本的要求。陈忠林教授启动了一个最朴素的社会基本原则,那就是:"不害人"。认为如果所有的公民都能做到不侵害他人、不伤害他人、不损害他人,所有的司法者执法者都能做到在自己的职责范围内保护人民不受到伤害,这就是这个国家的"常识、常理、常情"。笔者认为,这就是中国当代法治社会中,需要充分考虑的"定理",就是说从我们国家法的来源和我们本国的法律实践的经验出发,把在中国特有的自然地理特征的基础上产生的普通民众完全认可、完全符合公众意志和公众情感的理,作为我们立法、司法、执法、守法的最基本的准则。从法的功能上来讲,只有按照"常识、常理、常情"来制定、理解、执行法律,才能实现法的定分止争的作用。

有人提出这样的疑问:"如果现代法治应该是按'常识、常理、常情'之治,那我们还学法律专业知识来干什么呢"?陈忠林教授指出,"常识、常理、常情"是是非观、善恶观、价值观,是立法、司法、执法、守法的指南,不是法律规范本身。但是在执行法律规范的时候,必须

---

① 陈忠林:《"恶法非法"——对传统法学理论的反思》,载《社会科学家》2009 年第 2 期,第 9 页。

以“常识、常理、常情”为基本原则。陈忠林教授提到了一个非常经典的案例，按2001年《最高人民法院关于审理非法制造、买卖、运输枪支、弹药、爆炸物等刑事案件具体应用法律若干问题的解释》规定：非法制造爆炸物1千克以上，就可以追究刑事责任；非法制造爆炸物20千克以上的，就属于情节严重的情况。如果站在“形式法治”立场上，这个规定就可能造成严重的后果。这个案例中，300多户村民凑钱买原料，自己制造了八百多千克炸药用来修路，没有造成任何人的伤亡，司法机关却要来追究责任。我国现行《刑法》第13条明确规定，在那些“依照法律应当受刑罚处罚”的“犯罪行为”中，“情节显著轻微危害不大的，不认为是犯罪”，难道这个案例还不属于此种情况，难道应该认为这是犯罪吗？这是一个非常经典的在法律执行过程中，仅考虑《刑法》分则规定，完全置《刑法》总则规定中总原则为不顾的案例。直到出了专门的司法解释以后，才在司法解释的层面上解决了这个问题。所以，如果不按照“常识、常理、常情”，全面理解总的原则精神，那么面对非法制造迫击炮、便携式导弹等犯罪行为时就会束手无策，也会出现按照《刑法》第170条，对伪造一分钱的犯罪行为处刑的尴尬。自2010年1月1日起施行的《最高人民法院关于修改〈最高人民法院关于审理非法制造、买卖、运输枪支、弹药、爆炸物等刑事案件具体应用法律若干问题的解释〉的决定》第2条明确规定：“因筑路、建房、打井、整修宅基地和土地等正常生产、生活需要，或者因从事合法的生产经营活动而非法制造、买卖、运输、邮寄、储存爆炸物，数量达到本《解释》第一条规定标准，没有造成严重社会危害，并确有悔改表现的，可依法从轻处罚；情节轻微的，可以免除处罚。”

## 三、“常识、常理、常情”即良心

“常识、常理、常情”到哪里去找？陈忠林教授指出，任何一个提出这个问题的人,恐怕不是真的对“常识、常理、常情”不知道的人。因为明事理辨是非,这是一个正常思维的人、有理性的人具备的最基本的能力。陈教授说,如果你真的不知道“常识、常理、常情”到何处去寻,那么你怎么活到今天?正常人都知道盐不能当饭吃,难道你偏要一顿吃一斤?陈教授指出,“常识、常理、常情”,请到你的本性中去找,到心灵深处去找,到良心中去找。

什么是良心?陈忠林教授指出,“常识、常理、常情”在一个正常人心灵中的反映,就是良心,这是社会最基本的是非观、善恶观、价值观的认识。所以陈教授强烈反对“法治是法学家之治”这样的观点,认为这样的观点是走火入魔的观点,强调“司法人员必须依照良心来理解法律、执行法律、适用法律”。[①] 荀子曾言:“法不能独立……得其人则存,失其人则亡。法者,治之端也;君子者,法之原也。故有君子,则法虽省,足以遍矣。无君子,则法虽具,失先后之施,不能应事之变,足以乱矣。”[②]宋儒名家真德秀在《名公书判清明集》中以三篇劝谕文强调廉、仁、公、勤是为官的基本要求,与今天的德、能、勤、廉的要求非常相似,其中的勤、廉这两项是完全一致的,即“抚民以廉”和“莅事以勤”,而“抚民以仁”与今天的德的要求非常相似,只不过现在是强调社会主义思想道德素质,那时候对德的要求主要就是“仁”。最后是“存心以公”,要求有公心,这与今天的“能”不是完全的一致,但也有许多相似之处。

那么,“常识、常理、常情”是否等同于民意?陈忠林教授认为两者不能完全画等号。“常识、常理、常情”是被公众长期证明的民意,对于某一社会个案中所发生的临时民意,要进行筛选、甄别。尤其是

---

① 陈忠林:《“恶法非法”——对传统法学理论的反思》,载《社会科学家》2009 年第 2 期,第 12 页。

② 张觉:《荀子译注》,上海古籍出版社 2012 年版,第 163 页。

对普通民众不了解事实真相,或者受到小集团、地方集团利益影响的民意,应该及时说明真相,加以疏导。

笔者认为,“常识、常理、常情”应该属于公众意识(意志)、公众之理、公众情意。“常理”,通常就是“定理”,是本土的经验法则;“常识”“常情”属于公众意识和公众意志,是被公众长期证明的民意,通常是“公理”中的经验法则,“公理”中的自然法则之外的经验法则均须论证是否能与法理交融。而陈忠林教授所说的某一社会个案中所发生的临时民意,就是本书在对情理划分中的“公众情感”,其功能和价值,我们将在下一节进行描述。

## 第二节　舆论“民情”的“生态机理”

对于舆论“民情”这种“公众情感”的功能与价值的挖掘整理解析,王人博教授和顾培东教授进行了深邃的思考。王人博教授侧重于从舆论“民情”这种属于公众情感的“表达自由”与依法独立行使司法职权的冲突解决路径的视角出发思考。顾培东教授则对“公众判意”这一公众情感的特性、社会原因与条件、实际蕴含、合理性与偏失、应有地位五个方面进行了缜密的阐析。更为重要的是,顾培东教授指出,公众表达判意已经成为公众参与政治、参与社会管理、实施司法社会监督的一种重要形式,认为“公众判意不仅应该成为我国法学理论中的重要范畴,更是实践中司法机构将长期直面并受制其影响的生态因素”。[①]

① 顾培东:《“公众判意”的法理解析——对许霆案的延伸思考》,载《中国法学》2008年第4期,第167页。

## 一、公众舆论的“表达自由”与依法独立行使司法职权

王人博教授针对当前随着互联网技术迅速发展，媒体借助互联网技术对于案件，尤其是尚处于收集证据阶段，还没有开庭的案件，首先在互联网上炒作、猜测、渲染，甚至有意识无意识地先期作出裁判结果，影响依法独立行使司法职权的现象进行了深入辨析，并提出了解决路径。

王人博教授的论述主要解决了两个问题：一是对“舆论审判”和“媒体审判”进行了理念辨析，认为媒体审判是舆论审判的主要形式、主要表现。因此没有必要对两者进行分开讨论；二是指出“媒体审判”这个社会现象背后实际上是两种价值理念的冲突，也就是表达自由与依法独立行使司法职权两种价值理念的冲突。他对表达自由与依法独立行使司法职权的法律根据进行了深入探讨，并在对两者产生冲突的根源进行解析的基础上提出了解决路径。文章着眼于平衡“表达自由”和“依法独立行使司法职权”两者之间的紧张关系，从而建构和谐的司法和传媒关系。

关于第一个问题，王人博教授研究了舆论的基本内涵、历史演变、现代学者的基本界定，提出舆论传播的最主要的方式就是网络传媒，因此对于对审判产生影响的“媒体审判”和广泛意义上的“舆论审判”，分别加以讨论并无必要，二者没有根本差别，尤其是有些学者认为的，以网络舆情没有人为控制而传统媒体有人为控制为标准，硬要区分“媒体审判”和“舆论审判”，是没有实际意义的。

什么是舆论？从语源上看，“舆”在东周本指车轮，后引申为车本身。“舆人”则是指造车或驾车之人，在东周时，舆人为第六等人，后泛指下层民众。“舆论”者，“舆人之论”也，就是指下层民众的议论。

《国语·楚上》中也有记载:“近臣谏,远臣谤,舆人诵,以自诰也。”①在西方,卢梭认为舆论是“公众的意见”。而“公意始终是牢固的、不可败坏的;它永远是纯洁的”。② 对于舆论的确切含义,目前学界比较有影响的是刘建明教授提出的定义:“在一定社会范围内,消除个人意见差异,反映社会知觉和集合意识的多数人的共同意见。”③王人博教授认为舆论可以通过哲学、电影、文学、宗教多种方式传播,但媒体是最佳手段,以有无把关人为标准将“媒体审判”和“舆论审判”加以界分是没有必要的。王人博教授这一论断是指有人认为媒体审判和舆论审判还是有一定差别的,因为媒体审判较为容易控制,当然也可能比舆论审判有所客观,但其实这都是一种公众的表达自由。事实上以网络传播舆论为例,王人博教授指出,网络上不存在控制只能是一个神话。网络上实施控制的主要是商业部门和政府部门,主要工具就是代码。商务活动的进行,要求身份验证,政府也要对塑造网络架构特质的代码进行规制,以保证在网络空间中建构稳定的信息传播秩序。大型门户网站或者传统媒体的网站是受众接受网络信息的主要渠道。网络受众的主动权就在论坛中,而在论坛中发表意见必须遵守各种论坛守则。即便是在美国也是如此,比如,美国在线、纽约时报和洛杉矶时报等网站的张贴规则就包括“张贴者对张贴信息的行为和张贴的内容负全部法律责任”等规定。④

舆论就是“公众的意见表达”,也可以说舆论就是“民情”(公众情感)的表达。这是我们从王人博教授对于舆论的内涵梳理中可以

① 邬国义等撰:《国语译注》,上海古籍出版社 1994 年版,第 522 页。

② [法]卢梭:《社会契约论(权威全译本)》,李平沤译,商务印书馆 2016 年版,第 117 页。

③ 刘建明主编:《宣传舆论学大辞典》,经济日报出版社 1993 年版,第 343 页。

④ 参见新华社:《美国网站加强对电子公告板和论坛的管理》,载《光明日报》2000 年 8 月 28 日,第 8 版。

得出的一个基本判断。因为按照中国古代的说法,舆论就是百姓的议论。

从刘建明教授的概念界定,我们可以看出舆论的几个特质:舆论是一种意见的集合;舆论是集体的意见;舆论是社会对偶然事件的应激。

因此,笔者认为,从公意与私意的角度来看,"舆论"和"司法"都是"公众情理",只不过舆论是一种"公众的情感和直觉",而司法是一种"公众的理性";当然,从另一层面来说,"舆论"是一种"民间情理","司法"是"官方情理"。

关于第二个问题,王人博教授主要从"传媒"和"司法"的权力来源入手,指出传媒的"舆论审判"的"表达自由"和"依法独立行使司法职权"实质上是两种价值理念的冲突,并提出了有效的解决路径。

王人博教授认为,媒介和司法之间的激烈冲突其实是表达自由和依法独立行使司法职权两种理念的冲突。事实上,传媒权利的行使和法院权力的行使都有各自的宪法依据。而人民法院独立行使审判权在宪法中当然有明确的规定。现行《宪法》第 131 条规定:"人民法院依照法律规定独立行使审判权,不受行政机关、社会团体和个人的干涉。"笔者认为依法独立行使司法职权是神圣的、至高无上的。在现代法治社会,不能保证依法独立行使司法职权是无法想象的。传媒的权利来源于《宪法》第 35 条和第 41 条。《宪法》第 35 条是有关于公民的言论自由权的规定。《宪法》第 41 条规定公民有提出批评和建议的权利。

笔者认为,问题的关键在于:一是舆论监督是必须的,二是"表达自由"应当是有限的。表达,哪怕是体现了批评和建议的表达,也应该是在法律法规规范范围之内的表达,而不是人云亦云,更不是靠噱头来博取眼球。王人博教授援引了魏永征教授对"媒体审判"的界定:“新闻报道干预、影响审判独立和公正的现象”,“其最主要的特征是:超越司法程序抢先对案情做出判断,对涉案人员做出定性、定罪、量刑以及胜诉或败诉等结论”。[①] 1997 年河南省郑州市某公安分局政委张金柱酒后驾车撞人后逃逸致人死亡案就是一个很好的例证。按照交通肇事罪的相关规定,张金柱本不可能被判处死刑,但他明知车上挂人还放任致人死亡的后果发生,案情已经发生变化。在这个过程中,如果没有舆论民情的监督,张金柱被判处死刑的结果确实有实现不了的可能,这就是舆论监督的必要性;但是当一审判决还没有出来的时候,就形成社会舆论强点,一片喊杀一片轰炸,不杀不足以平民愤,天理难容,似乎也有所操之过急。

王人博教授认为,表达自由与依法独立行使司法职权之间存在冲突,其主要根源是媒体报道与司法活动的性质迥异。首先,媒体对于“事实”的认定是根据采访了解到的,缺乏技术上的证实或者证伪;法院认定的是在证据的基础上的“法律真实”。其次,由于媒体工作的时效性要求,“舆论审判”根本等不及司法部门的按法律运行规律进行审判的结果;媒体报道出于社会责任、人文关怀、同情弱势人群等的报道倾向与司法活动的中立性产生冲突。

王人博教授提出了对这种“民间情理”和“法内情理”冲突解决的三条路径:第一,出台相应的行政法规以规范媒介报道,要求舆论表达客观、公正、专业,在司法裁判的不同阶段,舆论表达应该有严格的界限。司法裁判行为完成之前,可以报道案件的审理过程,但必须保持中立立场,绝不允许提前预判,因为这会对法官的自由心证造成直接影响,但对程序性问题可以适当评论,对司法工作人员的作风可以作出客观评价,起到一个适当增加压力的效果;司法裁判行为完成

① 魏永征:《新闻传播法教程》,中国人民大学出版社 2002 年版,第 113 页。

并生效之后，在不违反法律的前提下，可以自由报道和评论。第二，司法工作人员的人格尊严必须受到保护，如果刊载或播出的舆论表达有对司法工作人员进行人身攻击或人格侮辱的内容，必须承担法律责任。第三，审判民愤极大的犯罪分子时，由于可能会遭遇强有力的社会舆论的影响，可以通过改变管辖的方式回避舆论的影响。

王人博教授在这个问题上的思考，从根本上来说就是思考解决“民间情理”与“法理”的直接冲突的问题。只不过这种民间的情理通过“媒体审判”的方式表达了出来，事实上是一种民间情理的表达自由的价值理念扩大化的一种倾向。

侯欣一教授提出了如何在与“舆论民情”的良性互动中，提升司法公信力的问题。侯欣一教授认为，“民众在参与和评价司法活动中形成的‘司法民意’，是司法公信力的外化形式和重要载体”。[①] 司法公信力在本质上是民众的一种心理反应，是民众对司法权、司法机关信任、尊重和认同的积极心理反应。侯欣一教授以浙江省绍兴市中级人民法院在司法实践中与民众的有效沟通为例，强调了以信息公开促进信息对称、导引民意发挥和借助现代信息技术、通过民众的广泛参与实现司法与民意互动的重要性。如果民众没有有效的途径来了解司法的过程及其价值立场，那么其将以自身的经验和主观臆断来取代客观的描述和评价，那么这种“司法民意”，就可能产生一种不正确的理解，从而陷入认知和认同的困境。因此，侯欣一教授肯定了通过设立民意咨询员、网络披露司法信息、详细解释法律法规有效促进民众与司法机关信息对称的“阳光司法”方式，认为这非常有利于民众提升对司法机关的理解和信赖度，是一种良性互动。

① 侯欣一：《在与民意的良性互动中提升司法公信力》，载《人民法院报》2013 年 4 月 18 日，第 5 版。

## 二、“公众判意”的生态机理

顾培东教授关于“公众判意”的法理解析，是基于广州的许霆案以及由此所引发的各种反响与回应作出的。许霆利用自动取款机的故障，超额刷卡不当得利 17.5 万元，一审按照盗窃金融机构罪判处无期徒刑，引起公众舆论大哗，后按盗窃罪判处有期徒刑五年。案件发生之后，对法学界的最大的冲击就是，社会公众的意见对司法活动的结果有多大的影响？这种社会舆论应该怎样界定？社会应该赋予其怎样合适的地位？关于这个问题，王人博教授已经做了初步的探讨。

顾培东教授认为公众判意体现了公众对司法个案处置的评价与期待，更蕴含着公众复杂的社会愿望和社会诉求，这一点与王人博教授的观点基本大同小异。

但是顾培东教授的观点与王人博教授的观点还是有细微的可探讨的空间。顾培东教授的“公众判意”并不完全等同于王人博教授的“舆论审判”或“媒体审判”，如果说“公众判意”与“舆论审判”十分相近，“公众判意”与“媒体审判”就几乎不可相提并论，因为媒体仅仅想形成社会舆论。尤为可贵的是，顾培东教授做了两项更重要的工作：一是从公众判意的特性、社会原因与条件、实际蕴含、合理性、可能存在的偏失、应有地位六个方面对这一论题进行了深入的阐析；二是顾培东教授指出，许霆案绝不仅是司法博弈中一种简单的“平民之胜利”，公众表达判意已经成为公众参与政治、参与社会管理、实施司法社会监督的一种重要形式，认为许霆案推动了社会公众与司法机构甚至是立法机构在个案处置中，互动格局机制的进一步形成，所以也将对我国的司法理念、司法民主化实践以及司法生态产生巨大的影响。顾培东教授进一步提出，“公众判意不仅应该成为我国法学理论中的重要范畴,更是实践中司法机构将长期直面并受制其影响的生态因素”。[①]

关于“公众判意”的基本界定,顾培东教授把社会公众对于司法个案处置的主流性、主导性意见和意向表述为“公众判意”。[②] 所谓的“判意”,是一种意见与意向,然而并不是所有的意见和意向都能成为“判意”,顾培东教授认为,只有那些居于主流主导地位的、可能影响到甚至引导案件审判方向的意见和意向,方可称为“判意”。而“判意”的主体“公众”必须具备几个条件:一是必须是司法机构之外的人;二是与案件事实无直接关联;三是已经正常表达了自己的意向与意见;四是不包括法学和法律专业人士,因为这些人并不是普通的公众。

顾培东教授从公众判意的特性、社会原因与条件、实际蕴含、合理性、可能存在的偏失、应有地位六个方面对“公众判意”的生态机理进行了深入阐析。

关于公众判意的特性,顾培东教授经过梳理,认为并不是所有的司法个案都能够进入公众视野,能够进入公众视野的案件,不仅数量极少,而且更多是刑事案件。对于刑事案件,其对社会公众的生存和生活的理念冲击力比较大,容易引发讨论。社会参与的公众表达,常常是在信息不对称的情况下发生的,并且会很明显地受到媒体的渲染诱导。公众参与的表达方式具有多样性,如发表文章、接受访谈、开设博客、上网讨论、提交议案、组织研讨。与自己间离的有限性,使社会公众主体处在超脱的地位,所以能够比较直率地表达,同时唇亡

---

① 顾培东:《“公众判意”的法理解析——对许霆案的延伸思考》,载《中国法学》2008年第4期,第167页。

② 顾培东:《“公众判意”的法理解析——对许霆案的延伸思考》,载《中国法学》2008年第4期,第167页。

齿寒、惺惺相惜的心理也是实际动因之一。“公众判意”的表达常常是直接的、简洁的,如“判对”或“判错”,“判重”或“判轻”,“应重判”或“应轻判”,“构成犯罪”或“不构成犯罪”,“应予支持”或“不应支持”等。[①] 顾培东教授尤其指出,大多数公众不会对具体的结论作出详尽的论证,因此,实际出现的现象就是,在实际生活层面应该得到尊重的理由,常常并不能成为司法机构处理司法个案的法律依据。在审判的过程中,社会公众对司法个案的意见并非一成不变。也就是说,经过一段时间的发酵、论证,社会舆论有可能会发生改变。顾培东教授指出,许霆在重审中的表现,就减弱了公众对他寄予的同情。

关于公众判意出现的社会原因与条件。顾培东教授指出,公众判意的出现最主要最根本的原因就是中国正处在社会转型期,中国社会各阶层、各群体的分化导致利益主体出现多极化。随之,整个社会的价值观念就出现了多元化格局。当然,公众判意的出现也体现了中国民众对政治的参与方式发生变化,社会公众试图表达他们的社会愿望与社会诉求,表达他们对社会秩序的运转、社会利益合理分配的期望值。公众判意的出现,也体现了司法机构对媒体采取的谦抑姿态,说明司法公开化透明化程度的提高为民众参与司法个案的评价提供了条件。

关于公众判意的实际蕴含。顾培东教授认为,公众判意实际蕴含着公众以既往案例为参照进行法律评价、以主观标准进行是非判断、以生活经验为依据对社会事实进行认知、以自身情况为出发点出现的情感偏向、以司法个案为依托提出案外诉求。比如,公众以既往

---

① 顾培东:《“公众判意”的法理解析——对许霆案的延伸思考》,载《中国法学》2008年第4期,第169页。

案例为参照来进行法律评价，网上热传的“李昌奎赛家鑫案”就是一个明显的例子。云南男子李昌奎强奸害命，残杀少女幼童，一审被判处死刑，二审改判死刑缓期执行。云南省高级人民法院一位领导称社会需要理智一些，认为李昌奎判处死刑，绝不能以一种公众狂欢式的方式来实现，这是对法律的玷污。他表示，这个案子十年后会是一个标杆。那么这应当是一个什么样的标杆呢？是有法不依的标杆，还是尊重生命的标杆？这非常引人深思。笔者认为，他忽略了一个现实，那就是为什么社会公众称李昌奎案为“赛家鑫”案？这究竟是一种狂欢还是民意焦虑？之所以称李昌奎案为“赛家鑫”案，就是因为药家鑫突破了人伦底线，为了躲避交通肇事所应承担的责任，居然向被害人连捅八刀；李昌奎不仅对一个 19 岁的少女下毒手，还对一个 3 岁的幼童也同样使用了非常残忍的手段置其于死地。药家鑫已处死刑，两案量刑结果不同，社会公众自然产生不同的心理反应。而且，李昌奎自首，药家鑫也自首。药家鑫杀了一个人，手段残忍；李昌奎杀死两人，而且是少女和幼童。药家鑫自称激情杀人，虽然这并不符合激情杀人的条件，但毕竟还是临时起意，而李昌奎是蓄谋已久。“李昌奎案”被称作“赛家鑫”案，大家的困惑在于，如果药家鑫按律当死，那么李昌奎不死的理由是什么？李昌奎在一审被判处死刑，二审仅仅以自首改判死刑缓期执行，理由是“社会危害不大”，称是因家庭、邻里之间的矛盾引发的故意杀人案，最高人民法院在适用死刑时十分慎重，而对于严重危害社会治安的犯罪，是适用死刑打击的重点。笔者认为，本案是严重危害社会治安的犯罪，认为只有全面危害公共安全的犯罪，才是严重危害社会治安犯罪是一种特殊的理解。这是放松法律的刚性，放大法律的弹性的结果。法律面前人人平等，对于一样宝贵的生命，不能有两种量刑标准。

一味屈从舆论不是独立审判，但“舆论认同的我们就反对”更不是独立审判；舆论不能干预审判，但审判者更不能抹黑舆论。对于李昌奎案的判决结果，舆论的异议绝不是所谓“杀人偿命的传统意识与现代司法理念、国家刑事政策的差异”，而是对于司法实践中量刑标准呈现巨大差异的质疑。所以这一次舆论的质疑恰恰出于对法律的尊重和信仰。

问题的关键——对生命的尊重，不能以伤害法律的公正和尊严为代价。否则，失去了对法律公正的信仰，生命又何以保障？失去了对正义的盼望，宽容又拿什么衡量？在这个前提下，最基本的逻辑是：如果司法者的法律理念是反对死刑，那么努力的方向应该是推动现行法律的进步，减少甚至哪怕废除死刑；无视法律的刚性，人为放大法律的弹性，让法律的标准模糊混乱。如果是这样，又怎么以“法律为基准”。面对生命，我们需要一个法律的标杆，但不需要一个高过法律的标杆。

关于公众判意的合理性。顾培东教授指出，公众判意一般不会超越现行法律的具体规定。比如，在许霆案中，从来没有任何迹象表明，公众判意指向许霆的行为不构成犯罪，重要的是对这些司法个案，在认知上——主要是在法律酌定的环节，社会公众体现了其独到的智慧，如对被告人判处死刑或死刑缓期执行，判处实刑或缓刑，是否从轻或减轻处罚甚而适用特别规定（如《刑法》第63条第2款）等。酌定的依据往往被表述为“情节”“社会危害性”“主观恶性”“后果”等，而酌定“情节”恰恰就是民间的“情理”，酌定本身就是一个主观判断的结果。在许霆案中，许霆的行为就是社会发展过程中刚刚出现的一个现象，以往从来没有遇到过这样的事情，就比如20世纪80年代，在西瓜摊旁边，有人拾到18000元，到底构不构成“盗窃”的问题。时至今日，对“盗窃”和“侵占”的区分当然早已不是一个问题。因此，骤然下定论，恐怕不妥。尤其是在一审中，给许霆定下一个盗窃金融机构罪，显然不符合情理。事实上，对于酌定的事由，公众的判意有时候比司法过程中法官的判断更加可靠，因为即使法官没有故意的舞弊行为，法官本身也仍然受非理性因素的影响，很多时候，他的判断要依靠自己的生活经验。最后，有时还要根据他的直觉、他的猜测、甚至他的无知或偏见去做出这种评估。①

关于公众判意可能存在的偏失。顾培东教授指出，公众判意常常包含相对落后的法律观念，比如其表达的对象往往并不是司法机构而是国家的党政权力机关，寄希望于政府、寄希望于清官。还有一点，那就是重刑主义在中国有广泛的市场。公众对公权力的持有者知法犯法、对严重威胁公共社会安全的黑社会性质的犯罪，有着深恶痛绝的社会情绪，甚至夹杂着某些偏激的社会情绪；对法律上程序化、技术化的要求，也没有足够的理解和深入的重视，尤其是对于疑罪从无、不告不理、上诉不加刑原则难以理解。当然笔者也注意到，顾教授在《"公众判意"的法理解析——对许霆案的延伸思考》一文中所提到的两个案例，一个是辽宁的黑社会头目刘涌案，另一个是河南省郑州市某区公安分局局长张金柱案，笔者认为，顾教授用这两个案例来论述公众判意的社会情绪偏失似有不妥。尤其是张金柱案，已经不再仅是一个交通肇事罪的问题，笔者认为，以故意伤害罪处其死刑，量刑合理，不存在畸重现象。顾教授提到，对于少杀慎杀的国际上刑罚理性化趋势以及我国刑事实践所无法回避的国际因素的制约，社会公众缺乏足够的理解，并且认为这是公众判意最突出的偏失现象。笔者无法完全赞同这种观点，因为改革开放以来，中国的法律的确存在过一种民不知法的现象，小民不知法尚不足以严重危害社

---

① [美]本杰明·内森·卡多佐：《法律的生长》，刘培峰、刘骁军译，贵州人民出版社2002年版，第48页。

会,但掌握公权力的人不守法、践踏法,有些人藐视法律,比如,豪车在高速上不挂牌子狂飙,高速交警无可奈何,就是一个畸形的现象,对社会的危害较大,当然,社会情绪就容易偏失。

关于公众判意应有地位。顾培东教授作出了全面的评价和美好的司法设想。顾培东教授认为:第一,公众判意根本不构成对依法独立行使司法职权的贬损,因为这只是两种价值理念的冲突。人民法院独立行使审判权虽然常常被理解为司法机构隔绝于社会的刻板、机械地适用法律处理案件的过程,但实际上,司法机构需要把社会现实中总结出来的、被公众认可的表达吸收到法律中来。卡多佐更明确地申明:“我将尽自己的绵薄之力,把那些悸动着、喧嚣着渴望得到表达的社会和经济力量引入法律。”[①]第二,公众判意是司法机构处置个案的重要参考。顾教授提到,把“社会和人民群众的感觉”作为死刑适用的依据之一,[②]这种提法不甚妥当,对于死刑反倒应该审慎。这和前面的观点基本一致。司法审判应当更广泛地充分考虑社会需求和人民群众的立场态度,而不仅是在死刑适用上加以考虑。在这一点上,顾培东教授提出了一个非常新颖的观点,就是把公众判意的作用类比于英美法系的陪审团的功能。对于这一点,笔者非常赞同。我们可以设想在网络上设立一个“公众专家库”,有需要的时候就从“公众专家库”里随机抽取,组成类似陪审团的机构。第三,公众判意在很大程度上体现了弱势群体的社会声音。笔者赞同这个观点,但认为这不仅仅是弱势群体的社会声音。确切地说,这是弱势群体集体发出的声音。

---

① [美]本杰明·内森·卡多佐:《演讲录:法律与文学》,董炯、彭冰译,中国法制出版社 2005 年版,第 54 页。

② 顾培东:《“公众判意”的法理解析——对许霆案的延伸思考》,载《中国法学》2008 年第 4 期,第 176 页。

2017年1月26日上午,赵春华非法持有枪支上诉一案在天津市第一中级人民法院公开庭审。法庭依法当庭宣判:上诉人赵春华以非法持有枪支罪判处有期徒刑三年,缓刑三年。二审判处缓刑的理由有三:一是赵春华持有的枪支数量刚达到量刑标准;二是持有是为了经营,而不是危害社会;三是认罪态度较好。笔者认为,一审法院的判决在适用法律上,好像没有任何问题,二审法院的判决,也达到了从宽处罚的效果,但总给人一种不安的感觉。笔者认为这主要是因为,控制枪支这没有问题,但是这种摆摊现象全国各地比比皆是,以处理一个老太太为突破口,好像过于简单。还有,二审中考虑到赵春华非法持有枪支的数量刚刚达到量刑标准,这个标准是什么?据考证,为切实加强对仿真枪的管理,公安部根据《枪支管理法》和《枪支致伤力的法庭科学鉴定判据》以及《国家玩具安全技术规范》的有关规定制定了《仿真枪认定标准》。"所发射金属弹丸或其他物质的枪口比动能小于1.8焦耳/平方厘米(不含本数)、大于0.16焦耳/平方厘米(不含本数)",这种标准虽然达到了被普及的目的,但是笔者对其可操作性,尤其是对一个明显知识水平不是非常高的老年妇女,理解这个标准和按照这个标准进行操作这个问题持保留态度。

第四,公众判意是立法完善的一种动力。顾培东教授着重提出对公众判意,必须加以正确的辨识引导回应,将其作为中国法治实践中的"重要范畴"和"生态因素"加以考虑和吸收。如果能够如此,我们对中国的现代化法治实现,就又多了一份期望。

我们当然也必须注意到,过于顺从民意,完全把民意作为衡量司法裁判公正与否的标准,民意就可能成为"多数人暴政"的工具。法律的正义精神与民众朴素的公平正义观念还是有一定区别的,必须避免民意在报刊、网络等媒体的引导或操作下呈现极端化、狂热化的状态,并对依法独立行使司法职权产生威胁。

刘涌案中，辽宁省铁岭市中级人民法院一审判处刘涌死刑。辽宁省高级人民法院终审时考虑到侦查机关可能有刑讯逼供的情节，排除了一份程序违法但非常重要的证据，改判刘涌死刑、缓期两年执行。二审判决一出，舆论大哗。刘涌案的案情比较清晰，面对汹涌的民意，最高人民法院对刘涌案再审后判处其死刑。可以说，在这次情与法的较量中，民意应该还是绿色的，有学者说司法再一次向民意低头，笔者不赞同这种观点。

关于公众判意对立法的推动。昆山龙哥砍人案件在社会上引起很大的讨论，是一起具有里程碑意义的正当防卫案件。对于正当防卫的具体认定，最高人民检察院印发第十二批指导性案例，涉及的四个案例均为正当防卫或者防卫过当的案件。对于这些案例中有关正当防卫和防卫过当的细节，笔者在此和大家进行分享：

第一种情况，如果你预先知道有人意图伤害自己，随身携带刀具及其他防身武器，不影响正当防卫的认定。第二种情况，别人拿刀砍你，你可以勇敢地拿刀砍回去。原来的司法实践中主要比对双方的伤势是否均等，如果防卫一方的伤势明显轻于加害一方，则极有可能被认定为防卫过当。第三种情况，别人拿刀砍你，你夺下刀砍回去，砍着砍着对方跑了，你觉得不安全可以继续追着砍。这个经典案例就是江苏昆山龙哥被于海明夺刀砍死案。当时龙哥拿着刀威胁要砍于海明，刀意外失手落地，于海明眼疾手快把龙哥丢弃的刀捡起砍回去，龙哥逃跑没跑掉，被于海明追上掀翻在地，乱刀击杀。警方最初认定于海明拾刀在手后，龙哥已经失去了继续加害的能力，于海明的做法有防卫过当嫌疑，但于海明最终被认定为正当防卫，理由就是于海明认为龙哥跑回车里没准还要拿其他武器，所以追上去砍的几刀是因为自觉不安全，属于正当防卫。这个案例的正面意义在于，正当防卫的时长大大提升，直到行凶者远离现场或完全不能对受害者构成威胁,正当防卫的合理性才算解除。第四种情况,只要加害方表现出行凶的可能性,受害方就可以按照已经行凶进行防卫。因为处在实质性的人身伤害威胁下,并不需要揣摩对方的真实目的就可以实施防卫。通过这几个案例我们可以发现,现在我们对于正当防卫的认定相对是比较宽容的,目的就是警示恶意滋事者,让公民敢于行使正当防卫权,保证公民面对凶残暴徒时无须畏手畏脚。但是充分行使正当防卫权不等于“以暴制暴”,而是“以正制不正”,所以在发生社会矛盾时滥用武力不是正当防卫。《第二十条》电影中有一句著名的台词,“法不能向不法让步”,这说明公众判意对良法的实现确实有很大的推动力。

# 第四章　情理的文化解释

梁治平教授在《法律的文化解释》一文中提到，梁漱溟先生在1922年出版的《东西文化及其哲学》一书中把文化定义为"民族生活的样法"，而所谓"生活"则归于"没尽的意欲（will）"及其不断的满足与不满足。梁漱溟先生认为，了解文化源头上的"意欲"遂成为文化研究的关键。①

梁治平教授认为，"意欲"是一个民族的主观偏好，它实际上是那种与露丝·本尼迪克特的所谓的"文化选择"相近的东西。② 据此，范忠信教授说："这种一个民族集体无意识地通过文化整合形成的模式，实际上就是一个民族面对同样问题时的不同选择。"③

基于此，梁治平教授认为，"文化模式的概念包含的最后一层含义是把文化当作类型来把握，实际上它一向看重的观念、心态和价值体系，也是在类型学的意义上被理解的。"④

---

① 梁漱溟讲演，陈政、罗常培编录：《东西文化及其哲学》，商务印书馆1922年版，第24页。

② 梁治平：《法律的文化解释》，载梁治平：《法律史的视界——梁治平自选集》，广州师范大学出版社2013年版，第182页。

③ 范忠信：《法律史研究的"文化解释"使命——兼论传统法律史研究的局限性》，载倪正茂主编：《批判与重建——中国法律史研究反拨》，法律出版社2002年版，第301页。

④ 梁治平：《法律的文化解释》，载梁治平：《法律史的视界——梁治平自选集》，广州师范大学出版社2013年版，第188页。

笔者顺着范忠信教授和梁治平教授的思路,梳理当代法学界对情理法观的文化分析发现,这些分析主要集中在三个方面。一是围绕中华族群在法律活动中共享的心理态度和行为反应,并以总结其规律和特征为重点进行的思考——一切的法律活动皆是基于传统差序格局的社会"情境"而作出的行动选择;二是围绕中华族群与法律最密切关联的生活或行为的样式或模式进行的思考——情理法观就是中华族群的"支配性的法观念",就是中华族群的文化性状,就是中华族群的法文化密码;三是围绕传统法律思想和体现在其中的中华族群核心法律价值理念进行的思考——核心的法律价值理念就是"法本人情"和"情法两平"。

## 第一节　传统中国"差序格局"中的情理选择

### 一、传统中国的"差序格局"社会情境

一切法律活动都是一种社会行动选择,每一种社会行动选择都基于当时法律活动的主体所处的社会情境,当然,我们在这里所探讨的并不是某一个个别案件的个体社会事实,而是一个族群长期地稳定地所处的基本社会情境。

范忠信教授在研究许多民族在结成各种不同的社会的时候所遵循的原则时,提出了"母社会"和"母原则"的概念,认为"母社会"是人们最初结成的社会的蓝本,而"母原则"就是最初组成的那个社会所凭借的原则。

众所周知,中国传统社会中的"母社会"就是宗法社会,当时所遵循的原则就是宗法伦常。而这一切都基于血缘伦理。东西方从最初的社会组成状态就完全不同,与中国的宗法社会相对应的是西方的

市民社会,所遵循的原则也相应表现为宗法伦理和市民伦理。

宗法社会就是以宗为法或以宗子为法,大宗领导小宗,小宗服从大宗,形成的长幼有序,上下尊卑有法的社会组织形式。以宗为法,是西周的统治者所确立的嫡长子继承制,以确保家国秩序的稳定,大宗领导小宗,小宗服从大宗就贯穿于当时社会的各个层级。"标准制式"开始形成。然后各种"宗族网系"交叉织就了国家的统治网系。

由此可知,宗法伦理原则是中国古代一切社会组织的最大精神维系纽带。宗法伦理原则的核心内容是"亲亲""尊尊"。前文我们在探讨作为主观层面的"情"的本质是"本源价值意识"时提到了仁民爱物原则,在这里就能找到原初的答案。"亲亲""尊尊"的核心内容就是对于亲属(特别是尊亲属)的尊敬、敬爱、服从。总结起来是两个义务,敬爱和敬从。这两个义务,可以概括为"仁"和"义"。"仁者人也,亲亲为大;义者宜也,尊贤为大"。[①]"仁"的核心是"爱亲","义"的核心是"敬长"。这两者是天下共同的美德,是人的良知良能。"孩提之童,无不知爱其亲也;及其长也,无不知敬其兄也。亲亲,仁也;敬长,义也。无他,达之天下也。"[②]这样说来,一切伦理原则或美德标准都来自基于血缘伦理的家庭内部,再广而推之于整个社会。

这样,古代中国社会基于血缘伦理的宗法制就是基础社会组织形式,宗法伦理原则也就成为最大的精神维系纽带。

按费孝通先生"差序格局"的观点,传统社会中作为主体的每个人,以自己为中心,像石子一般投入水中,社会关系就像围绕在自

① 古敏主编:《中国古代经典集粹(大学·中庸)》,燕山出版社 2009 年版,第 126 页。
② 杨伯峻译注:《孟子译注》,中华书局 1960 年版,第 307 页。

己周围的水波纹,一圈一圈,越远越薄。以自我为中心,逐渐建立起来的社会关系网络,最初是以血缘亲属关系为基础的,也就是说,最初自己的社会关系网络中最近的人还是熟人,很显然,这些有限的熟人对于自己拓展生存和发展空间是不够的,要把更多的陌生人变成熟人,就需要一步一步由近及远,由有限推向无穷,逐层展开,最终形成传统社会中人际交往模式结构——差序格局。当然,无穷的人并不是所有的人。在整个格局中,必须是与自己的生活有极其密切关系的人,才能进入这个格局,而人与人之间最密切的关系就是生产关系,因为这种关系能够满足生存的需要。

差序格局形成的过程,就是一个社会家族化的过程,最后呈现的现象就是家国同构、家国一体。差序格局最初是基于血缘伦理形成的,当然,最近的一层就是家族,然后逐步扩展到宗族和社会,最后呈现的结果我们称为社会家族化。围绕在自身的社会关系的第一层的是以血缘联系为依据形成的家庭。第二层逐步扩展为相近血缘联系的各个家庭之间的组合,即家族和宗族,也可以称为家族社会。第三层,这种最早形成于家族和宗族内部的模式逐渐推向社会后,就把本来没有血缘关系,甚至连较远的血缘关系都不存在的人群集中在自己的周围,我们称为拟制血缘关系,也就是将与自己的生存和发展的空间密切联系的人赋予类同于血缘联系的内涵,把在家族内部的关系模式、行为准则,甚至建立在这种关系模式和行为准则之上的观念和心态赋予这些有密切联系的人,这样就由同祖同宗异化出异姓异宗,逐渐推广和演化出来地缘关系、业缘关系、人缘关系,这样在一个个人为中心的周围,就出现了社会背景相近相似甚至相同的群体。差序格局最外的一层,也是最远的一层最终形成。这就是家族社会化。

差序格局中,这种社会关系结构的人际交往模式按照由近及远的人伦—人情—人缘模式进行。“差”就是差等，在《礼记·祭统》里所讲的十伦，鬼神、君臣、父子、贵贱、亲疏、爵赏、夫妇、政事、长幼，上下都是指差等。“序”就是次序，与中心近的家庭、宗族等血缘亲属交往遵循的规范是“人伦”。最初的拟制血缘中的熟人之间交往遵循的是“人情”。最后对照整个生活圈子，中心个体在乎的是自身的“人缘”声誉，以及依照“人缘”扩展的社会网缘，这样就产生了同乡情、同学情、同事情、同年情所维系的人与人之间的社会关系。这种社会关系格局如表 4-1 所示：

**表 4-1　传统社会关系格局**

| 社会结构 | 社会联系依据 | 人际交往遵循的规范 | 人情样式 |
| --- | --- | --- | --- |
| 家庭 | 血缘 | 人伦 | 亲情 |
| 家庭社会 | 相近血缘 | 人情 | 相近亲情(一表三千里) |
| 家族化社会 | 拟制血缘 | 人缘 | 同乡情、同学情、同事情、同年情等 |

当然这种差序并不是一成不变的。尤其是人缘关系，经常会有各种因素来影响这种格局的变动，所以它是动态的。维持这种差序格局相对稳定的是信任机制。关于传统社会熟人间的信任，费孝通在《乡土中国》中精辟地论述到：“乡土社会……是一个‘熟悉’的社会……从熟悉得到信任。乡土社会的信用并不是对契约的重视，而是发生于对一种行为的规矩熟悉到不假思索时的可靠性。”①

社会学专家杨中芳教授认为，人与人之间的关系信任是逐步展开的，杨中芳教授形象地将其描述为三个阶段：礼遇阶段、工具阶段和感情阶段。最初在礼遇阶段，人与人之间是互相试探的，基本没有什么感情成分，随着交往次数增加，逐步发展到工具阶段。工具者，

① 费孝通：《乡土中国》，北京大学出版社 1988 年版，第 7 页。

利益交换也。一直发展到感情阶段后,逐步出现可靠性,直至最后达到不假思索的状态。当然,在现实社会法律活动中,大家都遵守这种不假思索的状态,这固然很好。可是,一旦有人打破这一规则,社会纠纷随之产生。概括来说,初期阶段以既定成分所内隐的义务与责任为交往依凭;工具阶段以内隐于工具交换的互惠互报法则为交往依凭;感情阶段以相互感情付出为交往依凭。① 确定社会关系之后产生熟人间交往法则,"人情法则",与其对应的则是"公平法则"。著名学者杨国枢曾提出"熟人关系"交往遵循"人情原则",黄光国提出典型的"混合性关系"是"熟人关系",在交往中遵循"人情法则"。现代社会,"人情法则"并不局限在生活上的互相帮助,逐渐开始与"社会资本"联系起来,包括入学、求职、升迁、投资、资源分配等更加广泛的"帮助"。这种普遍主义"缝隙"下的特殊主义关照,使差序格局更加复杂化。笔者认为,事实上还不仅如此,在复杂化的同时这种格局的不稳定性开始增强。

## 二、差序格局"情境"中的行动选择

关于"情境",可以理解为社会中的人与人在交往实践中作出情理行动时面临的"境况"。当然,我们这里所谈到的情境,指的是狭义层面的、个体在个案中面临的具体的客观的"境况"。美国学者阿尔文·托夫勒在《未来的冲击》中提出,任何一种情境都可以用五个组成部分来加以分析。简单来说,包括物品、场合、人、社会组织系统的场所、概念和信息的来龙去脉。简言之,他认为情境几乎涉及人与人发生关系的整个外部环境或外部世界。相比之下,中国人传统的法

① 杨中芳、彭泗清:《中国人人际信任的概念化:一个人际关系的观点》,载《社会学研究》1999年第2期,第14页。

律生活中对作出情理行动时所处的情境得出判断后做出的选择,要比阿尔文·托夫勒的描述复杂得多。

在传统的中国社会,所有人都处在亲属化或拟制亲属化的社会关系之中。作为一种生活理念的人情,事实上是难以进行客观衡计和评判的,它具有非常明显的不确定性。人情来往的运作过程,实际上是一个非常复杂和微妙的社会活动和社会技能。阎云翔教授在研究中国农村礼物交换的文化规则和运作逻辑时提到,人情伦理体系有三个结构性维度:理性计算、道德义务和情感联系,人情在行动上的复杂性和弹性就源于这三个结构因素变动不定的组合。[①] 理性计算充分体现了工具理性的特点,道德义务和情感联系则体现了伦理理性的特点。

社会学家王思斌教授提出了"多元嵌套结构"的概念,认为中国人所处的差序格局是一个多元嵌套的结构。在这个结构中,人和事是分析中国人社会行动模式的主要变量。然后从基本关系、问题性质、责任结构、共事经验四个角度分析中国人的社会行动模式。这是一个关系—问题—责任—经验四位一体的行动模式。

王思斌教授的核心观点是:关系—问题—责任—经验四位一体的行动模式,可以称为中国人行动模式的"多元嵌套结构模型"。

这种多元嵌套结构模型的基本原理是:

第一,中国人的行动模式是情理取向的——每一次社会行动的选择都既要考虑情,又要考虑理。

第二,对情与理两个维度的考量以四个要素为基础。第一个要素是这种行动中参与互动的行动者之间的基本关系,这时要考虑行

① 阎云翔:《礼物的流动——一个中国村庄中的互惠原则与社会网络》,李放春、刘瑜译,上海人民出版社 2000 年版,第 119 页。

动者之间基本关系的远近,比如,是否在五服以内就是一个非常重要的要素。在“小悦悦”案件中,之所以许多人表现出非常冷漠,根本上讲,就是认为“这与我没有关系”。第二个要素是他们互动要解决的基本问题是什么。这是这个问题的核心,因为它直接决定是否采取情理行动。这个问题的严重性、紧迫性是判断采取情理行动的前提之一。第三个要素是行动者针对现实问题对自己责任的认知。这种责任的认知,是以基本关系的远近为前提的。如果是父母子女的关系,那简直是不假思索的,因为这种责任认知是不需要思考的;如果是拟制血缘关系,则需要进行理性计算。第四个要素是行动者以往共事经验。这里需要引进一个历时性的概念。这是一个历史性的考察,考察之后要作出一个衡量,比如,在以往的共事经验中,对方的品行、诚信度、共事经验的质量,这直接决定情理行动的选择。

第三,行动模式具有复杂性。上述这些方面都有复杂的结构,这种复杂性不但表现为它们在横向上是互相联系的,而且表现为在纵向上受已往互动经验的影响。之所以称其为嵌套结构,就是因为横向联系和纵向联系经纬交叉,需要在综合分析之后作出理性评判,这是一项技能。

第四,结构性因素之外的特殊情况。在这里是指在一般情况下所作出的推导。面对处于危急状态的陌生人,人们常常也会施予援手,或许这是紧迫情境下的人之“常情”。但是彭宇案的发生,使这一切变得扑朔迷离,扶与不扶,成为人们在取舍之间的一种艰难选择。从社会理性上来说,扶与不扶的思考本身就是可耻的。当然,这仅仅是从道德层面上。

以康买得救父案为例:《旧唐书·刑法志》载,十四岁的康买得为救父,而用木锸打死张莅。在这个案例中,当时康买得所处的情境:

A. 关系

境况 1——康宪(父子关系);

境况 2——张莅(陌生人);

B. 问题

境况 3——事情很大,情况危急——张莅酒醉后用死力摧折康宪,“气息将绝”;

境况 4——有难度——张莅善摔跤,而自己只有十四岁,力气小,拉解不开;

C. 责任

境况 5——父亲处于危难之中,作为人子,相救父亲是人伦之本;

D. 经验

境况 6——父子情深;

境况 7——与张莅是仇人相见。

最后康买得选择情理行动——“遂持木锸击张莅之首”。康买得的情理行动,可以说是在多元嵌套的差序格局中最简单的一个。之所以说其是最简单的,是因为在整个结构中居于首位的是父子关系,是人与人之间最近的亲属关系,买得救父所作出的情理选择,那绝对是不假思索的,根本用不着理性计算。

所以,刑部认为:“买得救父难是性孝,非暴;击张莅是心切,非凶。”当然,他们更看重的是其中伦理问题。请看此判词:

“以髫丱之岁,正父子之亲,若非圣化所加,童子安能及此?《王制》称五刑之理,必原父子之亲以权之,慎测浅深之量以别之;《春秋》之义,原心定罪;《周书》所训,诸罚有权。

今买得生被皇风，幼符至孝，哀矜之宥，伏在圣慈。臣职当谳刑，合分善恶。”穆宗下诏：“康买得尚在童年，能知子道，虽杀人当死，而为父可哀。若从沉命之科，恐失原情之义，宜付法司，减死罪一等。”①

## 第二节 情理是中华族群特有的法律生活样式

### 一、“支配性法观念”说

对情理法观念的关注较早的是范忠信教授，使情理法观念最早集中呈现在大众视野中的是《情理法与中国人》这本著作。据范忠信教授2007年10月1日于武昌南湖三族斋所写的备忘录——《情理法与中国人：蹒跚学步法史路——我的第一本书》所述，范忠信教授在攻读法律史专业硕士学位期间，研习中国法律思想史，硕士毕业论文选题就是《中国古代法律与道德关系论的反思》，同时参与《中国法律思想史研究通览》的编写任务。据范忠信教授讲，这两大任务的进行促成了《情理法与中国人》的诞生。范教授阅读了1905—1985年中国政治法律思想史著作的大量研究，包括梁启超先生的《中国古代法理学发达史论》、杨鸿烈先生的《中国法律思想史》等。

在阅读过程中，范忠信教授发现，学术界对中国古代法律思想的主要旨趣、特征和规律都还没有进行完整的总结，这促使范忠信教授从1985年到1987年完成了《中国古代法律哲学》初稿。后与郑定、詹学农一起，从法理观念、刑事法观念、民事法观念三大角度讲述中

① （后晋）刘昫等撰：《旧唐书》，中华书局1999年版，第1454页。

国传统法律文化(观念)的一些基本特征,以最初的《中国古代法律哲学》为基础,选取部分内容,改写成了“天理国法人情三位一体——法的概念”等六章内容,构成了《情理法与中国人》法理篇的主要内容。书名最早定为“情理法与中国人:中国传统法律文化探微”。这样将情理法观念完整地呈现给世人。

然而,这本《中国古代法律哲学》的出版却几经周折,贺卫方教授、梁治平教授都积极施以援手,最后让这本书稿起死回生的是曾宪义先生。曾宪义先生在《情理法与中国人》原版序言中着重提到:“中国立国已有数千年,作为古代中国文化的重要组成部分,古代中国法律制度伴随着古代中国政治、经济、文化的演进而不断发展,形成了自己的独特风格,铸就了辉煌的历史。”[①]认为“经过长达数百年的法律儒家化即儒家伦理道德观念与国家法律制度不断相互渗透和融合的历程之后,形成了中国古代法制融‘天理、国法、人情’于一体的基本特征”。[②] 曾宪义先生肯定了《情理法与中国人》一书,是对这一基本特征进行初步阐述分析的好书,是一部颇有创新,颇有学术价值的著作。曾宪义先生认为,该书注意把古代中国内在的法律思想理论与外在的法律规范制度有机结合起来进行研究,以思想理论来阐述制度,又以制度规范来印证思想理论,能够比较完整地把握中国古代法的整体“生命样态”,“可以说是一部别具一格的法律史著作”。[③] 后来,在德国的萨尔大学、希腊的雅典大学、意大利的比萨大学以及台湾大学、香港大学的图书馆里,都有这本著作的身影,这说明这本书已经引起国际社会的广泛关注,这对中国传统法文化走向世界,彰显中国传统法文化精神的独特魅力,起到了巨大的推动作用。

---

① 范忠信等:《情理法与中国人》,北京大学出版社 2011 年版,序言第 1 页。

② 范忠信等:《情理法与中国人》,北京大学出版社 2011 年版,序言第 1 页。

③ 范忠信等:《情理法与中国人》,北京大学出版社 2011 年版,序言第 2 页。

笔者认为，范忠信教授在《情理法与中国人》中最大的贡献就是，指出了中国人的法观念是一个复合的、多元的观念体系。一说到法，中国人很自然地把它看成是“法上之法”（“天理”“礼”）、“法中之法”（律条、律例）、“法外之法”（伦常之情、人之常情）的总和。严格意义上的法（制定法），在古代中国人心目中只占相当次要的地位，人们通常认为，“制定法是不得已的产物，是将‘礼义’和‘天理’文字化、条文化而又未臻完善的产物，是为维护伦常秩序而设立的一条最消极的、最低的、最后的防线，中国人心目中理想的法律就是‘天理’、‘国法’、‘人情’三位一体，同时认为这种三位一体的法观念，是古代中国占支配地位的法观念”。[①] 范忠信教授在《情理法与中国人》的第一章，从“法的概念”的角度提出“天理、国法、人情三位一体”的观点，关于什么是“法”，范忠信教授提到了三个论点：“从法说起”“法即是赏罚”“国法与王法”；关于“天理”“国法”“人情”三者之间的关系，范忠信教授提到了四个论点：“法与天理”的关系、“法不外乎人情”、“情理与人情关系”、“情理法兼顾”。

范忠信教授在《情理法与中国人》一书的引言中指出：“华夏文化是全人类共同的财产，是华夏民族对世界文明史的重大贡献。”[②] 这是因为，在中国这样一个没有国教的国度里，儒家的学说使人们建立起来系统而完善的信仰和价值观，这种信仰和价值观使人们摆脱了极端功利和庸俗的心灵境界，这些信仰和价值观没有法律的威严外表，但却无所不在地约束着人们，并且自人们的幼年起，便开始不知不觉地输入人们的头脑之中，成为人们自发的习惯，甚至成为人们性情的一部分。这是为什么呢？这就是古代中国人的法观念，而这

① 范忠信等：《情理法与中国人》，北京大学出版社 2011 年版，引言第 10 页。

② 范忠信等：《情理法与中国人》，北京大学出版社 2011 年版，引言第 1 页。

一系列法观念中占支配地位的观念,就是天理国法人情为一体的情理法观念。

在范忠信教授看来,天理是法上之法,国法是法中之法,人情是法外之法。在这三者中,国法是一个孤岛,天理和人情是两个桥梁。三者中的任何一者,都不可以作为完整意义上的法。在这三者之中,天理是最高的,是上天之道,不能轻易违背;国法的地位次于天理,其正当性源于天理,只有体现和符合天理的国法才是良法;人情则是充斥于社会中的"活着的法",一般也体现天理、实践天理,并与国法相辅相成、互为补充。正如李正斌教授所言,"天理是法律的生命,人情是法律的土壤,国法是公正与善良的艺术"。① 因此,天理在三者中处于最高的地位。

天理是弥漫于整个宇宙的支配法则,是自然与社会的发展规律,它高于一切人类社会立法的权威,代表了古代中国的人们对公平、对正义的理解,体现了人们积极向善的价值追求,是与西方"自然法"理念相通的范畴,它制约着世界各个角落的所有自然人。韩非认为法之权衡赏罚是决不可逆天理而定的:"寄治乱于法术,托是非于赏罚,属轻重于权衡;不逆天理,不伤情性。"②国法的制定必须符合天理,国法要受天理的制约。老子在《道德经》七十七章写道:"天之道,其犹张弓欤?高者仰之,下者举之;有余者损之,不足者补之。天之道,损有余而补不足。人之道则不然,损不足以奉有余。孰能有余以奉天下,唯有道者。是以圣人为而不恃,功成而不处,其不欲见贤。"③由此可以看出,老子认为,若按人道,余者愈余,不足者匮乏之无产之境地了。然而公平是天之本性,平等是自然之理,故应损有余而补不

---

① 李正斌:《天理·国法·人情》,载《北京人大》2012年第8期,第1页。

② (清)王先慎撰:《韩非子集解》,中华书局1998年版,第209页。

③ (春秋)老聃著,刘坤编译:《老子》,高等教育出版社2012年版,第110页。

足。国法的制定必须以此为法则,此等国法方可称为国本也。

“法中之法”源于习惯法。范忠信教授认为,任何一个比较稳定的族群,开始共同生活之时起,就一定会有相应的行为规则。而这种行为规则最初当然是基于血缘纽带,随着族群的变大、变迁、变异,血缘纽带逐渐变得模糊,观念上拟制的血缘纽带开始成为族群共同体的行为依据的时候,这个共同体的行为规则、惯例或者习惯就开始产生了,这就规定了什么可以做、什么不可以做,什么时候做什么、什么时候不做什么。当为了维护这个族群的正常生活秩序,规定了一系列规则的时候,我们认为习惯法就出现了。范忠信教授说:“法律是文明之光,只要有人类文明社会生活存在,就很难想象没有法律。”①

而关于法律的意识、观点和思想,就是人类烙印在头脑中的、最初的、但又是几乎永生难以改变的法观念。然而,在这个星球上,不同的地区、不同的国家、不同的族群,由于自然人文地理环境的不同以及在进化中的差异,不同的族群有不同的文化基因,这就导致各个族群有不同的法观念。笔者认为,这一点是毋庸置疑的。范忠信教授基于这个观点,对中华法律传统的发端进行了深入研究。在《自然人文地理与中华法律传统之特征》《起源时期中国法制和秩序的基本旨趣与特征》《宗法社会组织与中华法律传统的特征》《中华法系的亲伦精神——以西方法系的市民精神为参照系来认识》等文章中进行了系统的阐释。

关于“法上之法”与“法中之法”的关系,范忠信教授认为“法即理”,人间的法律制度出自天命天意。上古《尚书·皋陶谟》:“天叙有典,敕我五典五惇哉;天秩有礼,自我五礼有庸哉!天命有德,五服

① 范忠信等:《情理法与中国人》,北京大学出版社2011年版,引言第3页。

五章哉；天讨有罪，五刑五用哉！”[①]在传统中国人的法律观念中，天理就是“伦理纲常”。“五礼”者，君臣、父子、兄弟、夫妇、朋友也，这就是当时的伦常次序，这种伦常次序都是由天来规定好的，天子就应该按照天的意志，推行这五种伦常秩序，制定天子、诸侯、大夫、庶人的服装、礼仪和工作制度，使社会有秩序地运转。

关于“法中之法”与“法外之法”的关系，即法与人情的关系，则“法本人情”“法不外乎人情”，也就是说法律就是人情的体现，而且必须体现人情，两者没有也不应该有矛盾之处。管子所主张的“令顺民心”就是此意：“政之所兴，在顺民心，政之所废，在逆民心。民恶忧劳，我佚乐之；民恶贫贱，我富贵之；民恶危坠，我存安之；民恶灭绝，我生育之。”[②]从客观层面的人情来说，民心为民所处的实际社会情境；从主观层面的人情来说，民心是民所处的实际社会情境所折射出来的社会情感。

故范忠信教授基于中国人的法观念是一个复合的、多元的观念体系这个观点，描述了天理、国法、人情三位一体的法观念是中华族群的支配性法观念。也就是说，这就是中华族群的法生活样式或模式。

## 二、对“天理、国法、人情”观念“三角型链”的文化分析

俞荣根教授形象地把“天理、国法、人情三位一体支配性法观念”比喻成一个“情理法三角型链”，认为这个“情理法三角型链”就是中国的政治法律系统生命体稳定与平衡的文化密码。

围绕现代法治的实现与未来的发展前景，俞荣根教授深刻思考

① 王世舜、王翠叶译注：《尚书》，中华书局2012年版，第38页。
② （春秋）管仲著，李山译注：《管子》，中华书局2016年版，第5页。

了儒家之法的内在精神作为传统资源,在现代法治实现过程中如何转化和发挥作用的问题。俞荣根教授首先提到,为什么中国在从秦汉到清末的两千多年的时间里实现了一个超稳定的社会系统?是因为实现了儒法结合,即所谓“外儒内法”或者“阳儒阴法”。儒法结合的整个中国的政治法律系统就像一个生命体。它的稳定与平衡的文化密码到底是什么?只有破译这个密码,只有把这个虽然看不见、摸不着,但却无往不在的“力”彻底厘清,才能理性揭示这个法文化传统是否蕴藏着可资转化创新的现代法治资源。俞荣根教授形象地把这种文化密码——“天理、国法、人情”法文化观念形容为一个三角型链,以示这三个法文化观念上下相成,互相倚重,天然一体之意。①

俞荣根教授认为,要厘清这天理、国法、人情的三角形关系,首先,要明确一个三角形结构,那就是天、天子、民这三者的关系。据俞荣根教授考证,天在先贤的眼中有两种理解:一是认为天是一种人力无法抗拒的运动,它能化生万物,造天设地,以成四时。孔子说:“天何言哉?四时行焉,百物生焉,天何言哉!”②二是把天上升为一种人格神,同时也是道德的体现者,如董仲舒说:“天者,百神之大君也。”③这样,就将天神圣化,赋予天以最高的地位和最高的权威,这样就为天子受命于天找到了根据。所以李斯在传国玉玺中刻上了“受命于天,既寿永昌”的字样。天子,也就是君,是天的儿子。民,就是老百姓。当然,这里的老百姓,不同于今天的人民、公民、市民、国民,而是天民、子民(君民)。天民,就是天之民。而天子,是天之子。所以民,又是天子之民,所以又称“子民”。天、天子、民这三者

① 俞荣根:《天理、国法、人情的冲突与整合——儒家之法的内在精神及现代法治的传统资源》,载《中华文化论坛》1998年第4期,第16页。

② 程树德撰:《论语集释》,中华书局1990年版,第167页。

③ 张世亮、钟肇鹏、周桂钿译注:《春秋繁露》,中华书局2012年版,第536页。

什么关系呢？从上往下数，共有三层。第一层，天在最高位阶，天就是一切，天子受命于天，两者是服从与被服从的关系。当然，天命并非常归一人，一家独得。《尚书・康诰》要求“以德配天”。如果孝顺得好，就降祥瑞，反之则降下灾异。第二层，天子代天巡狩、代天治牧万民。天子是民之父母，是万民之主。第三层，民在最低位阶，民是天子的子民，应忠于君。但是民又代表天，反制着君。《尚书・泰誓》：“天视自我民视，天听自我民听。”[①]所以孟子说：“桀纣之失天下也，失其民也，失其民者，失其心也，得天下有道，得其民，斯得天下矣；得其民有道，得其心，斯得民矣。”[②]那么，民如何能反制其君呢？民意即天意。也就是说，民借天的意志，反制其君。这样就形成了一个闭环式的三角结构。当然，俞荣根教授认为在这三者中，天对天子的制约，天与民的关系，只是一种“虚拟的道义关系”，虽然起到一定的制约作用，但还是很脆弱的，只有天子与子民的关系，才是实实在在的、以国家暴力为后盾的、统治与被统治的政治法律关系。

在厘清了天、天子、民三者的闭环式三角型关系之后，俞荣根教授梳理了天理、国法、人情这三者的关系，他认为这也是一个闭环式三角形关系。首先，天理就是天之道，地之理。老子说：“天之道，损有余而补不足，人之道，损不足以奉有余”。[③] 在这里，老子认为天代表着公平，代表着正义，天之道就是自然法则，是不证自明的真理。其次，国法就是国之法律，然而在中国古代，国即君之国，君者，王也。故国法，即王法也。最后，人情。人之情，即民之情。那么天理、国法、人情，这三者的三角形关系是什么样的呢？俞荣根教授认为，第一，天理源于人情，天理的内容就是民情，就是民心；第二，国法源于

① 王世舜、王翠叶译注：《尚书》，中华书局 2012 年版，第 436 页。

② 杨伯峻译注：《孟子译注》，中华书局 1960 年版，第 171 页。

③ （春秋）老聃著，刘坤编译：《老子》，高等教育出版社 2012 年版，第 110 页。

天理,以天理为最高依据;第三,民意即天理。我们明显可以看出,在这个三角型的结构中,国法处在中间地位。但国法必须应天理,顺民情。当然了,应天理也就是顺民情。违背天理者,是恶法,是非法之法。

在情理之间,俞荣根教授考证了天理与人情的关系。根据程颢、程颐的说法:“夫有物有则,父止于慈,子至于孝,君止于人,臣止于敬。”这里的“则”就是天之规范,就是天理,这个天理,就是“父慈子孝,君慈臣敬”等伦理,也即人情。俞荣根教授指出了中国古代司法制度中,执法顺民情,乃至屈法而伸情的规定,这就是春秋决狱,其中最主要的原则是原心认罪,也叫论心定罪。春秋决狱的许多内容到了隋唐已经成为法的基本原则,主要有同居相为隐、允许复仇、矜恤老幼、存留养亲、五服定罪等五种原则。由此俞荣根教授指出,天理和人情就介入了司法,使法要应天理、顺人情就不只是一种理论,而成为一种政治法律实践,它软化了国法,也韧化了国法,就使这个三角型链组成的古代法律系统有着超乎寻常的稳定性。

这种对法的情理化或者说情理性的理解主要体现在三个方面。第一,情理司法态度化。把情理作为法之本源进行一种文化追寻,最后使情理法呈现一种中国传统法律文化的价值诉求。第二,将情理探求司法技术化,在西法东渐过程中,将传统法律活动中有关司法技术的“故意过失”“动机善恶”“正当防卫”“主犯从犯”“罪疑惟轻”等都归属于情理。第三,解析在近代清末礼法之争中带有名教色彩的情理法观的命运问题。

### 三、法文化性状说

在研究一个民族与法律最密切关联的生活或行为的样式或模式这个问题上,将情理法观视为中国传统法文化的文化性状,把对法律的情理化或情理化理解作为古人对法律精神、法律基础的文化追寻，在当代研究情理法的学者中霍存福教授着墨较多。

霍存福教授把情理法作为一种文化性状，尤其是作为中国传统法文化的性状提出来并进行了谱系梳理。具体说来做了三方面的工作：一是探讨了中华族群在法文化选择中为什么选择情理法作为自己的文化性状；二是对情理法这种文化模式的内在结构进行了分析；三是对情理法的发轫、扩展、延伸、分化进行了详细分析，以此呈现传统中国整个情理法的发生、发展和演变过程。霍存福教授认为这其中潜隐着把情理法作为整部法律史理解的意识。

（一）情理法是中华族群的法文化性状

法文化性状就是维持一个族群存在秩序的规范，以及如何适用这些规范内在规律的根本性品格和显著特征。

情理法就是维持中华族群存在秩序的规范，以及适用这些规范内在规律呈现的根本性品格和显著特征。就是说，情理法是中华族群的法文化性状。

性状作为生物体的特征为什么千百万年来不会发生变化呢？那是因为DNA上的生物基因控制了生物性状的基本规律和特征，法文化性状也是如此，族群的法文化基因的不同，决定了它的法文化性状的不同。霍存福教授指出："法文化精神的提炼，应当融制度与思想（观念）为一炉，注重总括性、通贯性和解释力，而又不至于大而无当、空洞无物。"①"中国传统法文化精神，亦即传统法文化方面的民族精神。这些精神，是中国人的创造，是对世界法律文明的贡献。"②

---

① 霍存福：《中国传统法文化精神论纲》，载《吉林公安高等专科学校学报》2009年第5期，第6页。

② 霍存福：《中国传统法文化精神论纲》，载《吉林公安高等专科学校学报》2009年第5期，第6页。

人类经历了千百万年的进化,在这个流变的世界里,仿佛什么都在不断地改变。但是,根据生物学家的研究,一直不变的是生物的遗传基因。性状是指生物体的特征,是指生物体的根本性品格和显著特征,比如,狗会咬人,这是行为方式特征;人种分为黄色人种、白色人种、黑色人种和棕色人种,当然也可能还有绿色人种,这是形态结构的特征;俄罗斯人要比印度人容易抵抗寒冷,这是生理特征。以上这些性状经过几万年是否会发生变化?我们目前还不能有确定的答案。但是几千年来没有太大的变化是可以肯定的。为什么没有太大的变化呢?因为生物的性状一般是由DNA上的基因控制的。孟德尔通过豌豆实验,发现了遗传规律、分离规律及自由组合规律。这就是DNA上的生物基因控制的生物性状的基本规律和特征。

同样的道理,一个大一统的民族国家,可能人们的物质资料的生活方式和社会组织形式随着时代的变迁会发生巨大的改变,但是唯有文化遗传基因,经历了百转千回,颠沛流离,很难有质的变化,这是一个非常奇特的现象。中国法律文化遗传基因的核心合理内核就是情理法观念,对于中华族群来说,它不会随着时间的变化遽然发生质的变化。

霍存福教授重提情理法问题,认为情理法问题在理论和实践上都是必要的。以南京"彭宇案"为切入点,霍存福教授着重指出审理该案的法官在运用经验法则时有三个荒谬:一是"从常理分析,他与老太太相撞的可能性比较大";二是"如果不是彭宇撞的老太太,他完全不用送她去医院,而可以自行离去";三是"如果不是他撞的,应该不会垫钱"。之所以出现如此荒谬的逻辑判断,不是"法"出现了问题,而是"情理"出现了问题。

由此,霍存福教授指出:"传统的情理法,所解决的并不只是这样局部的个案问题,它实际上是一个中国法哲学的问题,是个法律逻辑问题,更主要的是思维方式和行为方式问题,是整个文化的问题。”①霍存福教授认为,情理法代表了中华传统法文化的根本性品格和显著特征,贯穿中国法律史的全部过程。霍存福教授指出,从古至今的中国人,对本朝或者前朝的法律进行评价,也都以情理作为标准。元人柳贯《故唐律疏议序》云:“然则律虽定于唐,而所以通极乎人情,法理之变者,其可画唐而遽止哉?”这是对前朝的法律评价。明人刘惟谦等《进明律表》云:“陛下圣虑渊深,上稽天理,下揆人情,成此百代之准绳。”②这是对本朝法律的评价。“文化的传承,不以我们是否喜欢哪个概念、哪个范畴而定。作为文化基因,它或它们已经在我们不经意之时已楔人我们的脑子里,外化在我们的语言中、行动中。旧传统并没有终结,所需要的只是创造性的转化。”③

(二)情理法的基本结构

情理法折射了传统中国人的法律文化心态。

山西平遥县衙二堂宅门上方悬挂的“天理国法人情”匾额和平遥县衙大门的对联比较直观地描写了传统中国人的法律文化心态:

莫寻仇,莫负气,莫听教唆,到此地费心费力费钱,就胜人终累己;

要酌理,要揆情,要变时世,做这官不勤不清不慎,易造孽难欺天。④

① 霍存福:《中国传统法文化精神论纲》,载《吉林公安高等专科学校学报》2009年第5期,第7页。

② (清)薛允升撰,怀效锋、李鸣点校:《唐明律合编》,法律出版社1999年版,《进明律表》第2页。

③ 霍存福:《中国传统法文化的文化性状与文化追寻——情理法的发生、发展及其命运》,载《法制与社会发展》2001年第3期,第16页。

④ 尹先敦编著:《历代官署衙门楹联选》,中国文联出版社2003年版,第100页。

上联折射出普通民众在法律活动中的心理态度和行为模式，打官司（参与法律活动）是一件费心、费力、费钱的事情。就算胜诉，在人力、财力、物力方面也会受到拖累。下联折射出司法官员在法律活动中的心理态度和行为模式，一方面要斟酌天理，另一方面要揆测人情，如果不勤不清不慎，就是逆天理而行，是在造孽。这里的“情”指民情、“事之情”、“人之常情”，“理”指的是“天理”“事理”“道理”。这种情形下的情理法结构是做人要“通情达理”，做官要“揆情度理”“准情酌理”。

情理法的内在结构。

情理法的内在结构应该从两个方面来理解。一是霍存福教授强调，这三者的结构是三位一体、以情为先，强调“情安”。笔者认为，“情安”之“情”，非主观之“情”，而是客观之“情”，是生民所处之“情境”。生民之“情境”有“安”，是法律活动的大前提，也是终极目标。实际上也就是指社会按照规范要求有秩序地运转，实质正义得以实现。

二是根据“情”和“理”来适用法律，即所谓“酌其理与情而用法”。其实这与以情理来考量法别无二致。

“酌其理与情而用法”，即法律运行过程中的情理考量，又被分解为“据理以用法”“因情以屈法”两个方面。“据理”“因情”可以被理解为法律适用的两个依据和两种方式，同时也是法律适用的最理想状态。林语堂在分析情理精神在儒学中的地位以及在中国人际关系互动和社会秩序整合中的作用时作了如下阐述：“中国人在判断某论点正确与否时，并不仅仅诉诸道理，而是既诉诸道理，也诉诸人情。……‘情’代表着可变的人的因素，‘理’代表着不变的宇宙的法则。这两个因素的结合，就是评价某项活动，或某个历史问题的标准。……中国人将合情合理置于道理之上。”①

清人黄六鸿《福惠全书》卷四《莅任部三·戒躁怒》云：

> 夫居官之处事接物，所凭者，惟理与情而已。理所应执，则据理以用法，而法不为滥；情有可原，则因情以屈法，而法不为枉。何也？一如其事物所当然，而初无所庸其心也。譬镜之照物，其为妍、为媸，随所自形，而与镜无与也。若事物之来，稍参喜怒于其间，则理与情，皆有所偏用，而不能无滥与枉之弊。夫与其滥而近于苛，毋宁枉而近于恕；恕犹不失为慈祥，苛则未免流于惨刻矣。②

可以看出，“据理”的适用情形是在理所应执之时，这样据理以用法，结果是法不为滥，就是说不会形成滥用法的情形；“因情”的适用情形是在情有可原之时，这时因情以屈法，结果是法不为枉，就是说不会出现枉法的情形。而在此期间，如果稍稍把个人的喜怒情绪参杂到其中，可能会有所偏失，可能会不可避免地造成滥用法律或者枉用法律。出现这样两种弊端之时，两害相权取其轻，黄六鸿认为，宁可“枉法近于恕”，也不应当“滥法近于苛”。笔者认为，此可归乎于良吏，因其有悲悯情怀也。

“据理”与“因情”的关系，是“以理制情”。这是说在“理”与“情”（人情世故、民情、民意）之间，“理”在上位、“情”在下位，有统制与被统制的关系在。“以理制情”是说在“理”与“情”（人情世故、民情、民意）之间，“理”在上位、“情”在下位。所谓“理自天设，情由

① 林语堂：《中国人（全译本）》，郝志东、沈益洪译，学林出版社2000年版，第147页。

② 官箴书集成编纂委员会编：《官箴书集成》（第3册），黄山书社1997年版，第261页上。

人生。以理制情，而礼乐之用行焉”。[1]

但是，在常情与歪理之间，当然是以常情为本。霍存福教授谈到清人纪昀讲的一个案例：

> 天下事，情、理而已，然情、理有时而互妨。里有姑虐其养媳者，残酷无人理。遁归母家，母怜而匿别所，诡云“未见”，因涉讼。姑以朱老与比邻，当见其来往，引为证。朱私念：“言女已归，则驱人就死；言女未归，则助人离婚。”疑不能决，乞签于神。举筒屡摇签不出。奋力再摇，签乃全出。是神亦不能决也。辛彤甫先生闻之曰：“神殊愦愦！十岁幼女，而日日加炮烙，恩义绝矣。听其逃死不为过。”[2]

霍存福教授认为，在这里，无疑发生了情与理的大冲突。童养媳回归婆家是“理”，毕竟有“童养媳”这个名分，已是婆家人，而且可能还存在法律所承认的“婚约”或“合同”之类的文书，以及婆家支付了的一时偿还不了的卖身费用等。但回去继续受虐待，甚至可能会因逃出的原因而被变本加厉地虐待致死，这却是“情”，是可以预料的未来发展态势。人皆不愿意受肉体和精神虐待——即使是童养媳，逃出为活命是“人情”——人皆会有此反应这是人之常情。婆婆既然虐待且“无人理”，已非正理。

情与理的这种碰撞，邻居认为也难排解：“言女已归，则驱人就死；言女未归，则助人离婚。”前者则“情”不忍，后者则“理”不顺。“神”也不帮忙，这可真难解决。但辛彤甫说不难解决：“十岁幼女，

---

① （元）脱脱等撰：《辽史》，中华书局1999年版，第501页。

② （清）纪昀撰，韩希明译：《阅微草堂笔记》，中华书局2014年版，第972页。

而日日加炮烙，恩义绝矣。听其逃死不为过。"婆媳之间(即使是童养媳)是以恩义(现代语叫感情)维系的，就如同夫妻之间是以恩义维系的一样，他们之间没有血缘亲情，这是"理"。现在双方既无恩义，"正理"不在，而逃死之"情"又可悯，局外人莫如选择"助其离婚"的说谎办法吧。这不是过错，也符合"理"的要求。

"因情"是指"因情而屈法"。在情与法之间，霍存福教授认为存在"情法统一说"与"情法二分说"两种说法，认为"情法二分"，就是要在"准法"与"从情"之间作出选择。"情法统一说"，意谓情与法在指向上没有根本不同。霍存福教授专门援引冯晟《谈屑》记载的一个争嗣案件来说明"因情而屈法"。就是说，必须在"准法"与"从情"之间作出选择。案件中，依法应当由大哥的次子继嗣二弟香火，无奈二弟媳不愿意这个不良的忤逆次侄继其后，宁愿选择族中其他人为嗣。弟媳对知县说："律设大法，礼顺人情。应嗣者，法也；立所爱者，情也。且其子好游荡，来则败吾业。性又顽悖，逆者屡矣。吾行将老，何所恃？不如立所爱便。"[①]知县最后听从了妇人的意见。看来，这个妇人是深知她所陷入之矛盾的性质的，也知道该如何处理，更知道如何去打动官员。在"法""情"之间，官府也不得不考虑"人之常情"。笔者认为，此已"近于恕"矣。

(三)情理法的发轫、扩展、分化的历史

首先，情理发轫于断狱的司法要求。发轫于断狱者，始于司法也。断狱必得先弄清案情，并要据此案情得出具体判断——这就是"原情"。原情始于"或从其情"。原情分成两个脉络，舒展于"以情察"和"以情恕"。

"以情察"是司法技术问题，是司法技术中所坚持的基本原则。

---

① 陈重业主编：《〈折狱龟鉴补〉译注》，北京大学出版社2005年版，第135页。

断案必得先弄清案情,得到真实情况,并且要据此案情来进行判断。这里的“情”自然就是案情、事实、情节、情况。《左传·庄公十年》记载:“小大之狱,虽不能察,必以情”。[①] 所谓“狱贵初情”“寻事缘情”“原情求实”“原情定罪”均在这个范围。

“狱贵初情”,是指在断案之初,所获之情节最有价值。元张养浩《牧民忠告》卷下:“狱问初情,人之常言也。盖狱之初发,犯者不暇藻饰,问者不暇锻炼,其情必真而易见。”

“原情定罪”“原情求实”是解决犯罪事实有无的问题。东晋郡陵县吏陈满射鸟误中直帅案中,何承天议曰:“狱贵情断,疑则从轻。”唐朝徐有功断决宕州刺史皇甫怀节与芳州刺史李思征谋反案,就从二人仅仅单独说话,同谋“无由”,共语又无“语状”,而且放散所领兵马,指出“察狱以情,未闻此理”,断定皇甫怀节不存在谋反事实,定是诬告。

“寻事缘情”解决故意过失的问题,所谓“诛故贯误”。这里的情是主观的故意与过失的问题。因此,古人有言:“夫律法之设,诛意与诛事兼行者也。以诛意者原情,故‘谋’、‘故’者斩,所以诛犯者之凶心也。”[②]

“以情恕”是司法态度问题,以“情有可原”为例证。霍存福教授认为,“情有可原”的说法大行其道是在清代,其实质是“原情而略法”,是一种法外之仁,也就是说,是在处罚上从轻发落,而不是免罪。笔者认为,既然是司法态度问题,那也应该与中国古代的司法官员具有悲悯情怀这种基本素养有一定的关系。霍存福教授进一步梳理考证,认为普通犯罪的“情有可原”涉及罪在可疑、犯小过、不知情、对

---

① 古敏主编:《中国古代经典集粹》,北京燕山出版社 2011 年版,第 96 页。

② 未了、文菡编著:《明清法官断案实录》(上册),光明日报出版社 1999 年版,第 34、47-48 页。

方有过错、过失犯而无知、贫穷犯罪六种情形。如“犯小过”,霍存福教授以清代关于忤逆犯罪的处理为例,说明此类犯罪,虽属明文规定犯罪行为,但如能归家警戒劝谕,不得再犯,或令父母亲族重加扑责,以示惩戒只要能达到警示效果的,则“初次免送”。

其次,情理扩展于以情理去理解法律的依据、法律的精神。按笔者的理解,就是前述的伴随着法律儒家化的过程,出现了以情理来考量的缘法而治。霍教授认为,情理是法律的精神,铺陈情理就是挖掘法律的精神。这种挖掘,主要体现在三个方面。一是法律可以“人情”求之。霍存福教授认为,人之常情,经验法则经过论证,可以上升为法律规则,反之,法理可以根据人之常情、经验法则推导出来,并以之用来裁度法律事务。二是法律本于情理而立。所谓“礼律之兴,盖本自然”,法律是基于自然“情理”制定的。三是法律实施需有“情”的照顾方为圆满,即所谓“情法两得”“情法两平”“情法兼到”。认为这是司法者追求的圆满境界。霍存福教授铺陈情理,挖掘出了中华族群两个核心的法律价值观念,一个是“法本人情”,另一个是“情法两得”。这将在下面章节中具体阐释。

最后,情理分化于近代对于其理解的分裂。

日俄战争之后,以沈家本为代表的法理派修订法律馆所主持的法律改革力度逐渐加大,沈家本进呈《刑事民事诉讼法》,试图用近代西方实证主义法理从根本上改变中国旧法律的“礼法分离”的尝试,招致了激烈的反对,形成了沈派法理派和反沈派礼教派,论战在制定《大清新刑律》时达到高潮,史称“礼法之争”。初级争论清廷支持礼教派,在“预备立宪”的政治形势推动下,法理派取得了胜利,虽然仍保留了一些封建残余,但近代法律体系终于在中国初步建立。

杨鸿烈先生认为,沈家本是中国告别中华法系传统转入现代法制的最关键人物之一,是“媒介东西方几大法系成为眷属的一个冰人”。[①]他的关键贡献在于主持拟定了一系列法典和草案，终结了以“三纲”为灵魂的中华法系，导入了以“法治”为灵魂的西方新式法制文明。

《大清新刑律》是中国近代第一部西化的刑法典，“新”或者说它相对于旧刑律的变革，主要体现在哪里呢？专家学者经过考证认为，新主要体现在四个方面：采取了“诸法分离”的独立刑法典体例结构、采取了西方刑法典的刑罚体系、采取了西方刑法的基本制度、贯穿了资产阶级刑法的基本原则。[②] 在这些变化的背后是什么呢？范忠信认为，更重要的是灵魂的变化，也就是伦理的变化。

笔者认为，这是对西方法系进行移植的开始。而这是从刑法领域开始的，也同时开启了由诸法合体到刑民分立的进程。

霍存福教授认为，清末礼法之争，法理派代表沈家本等人，强调情理法的“形而上”内涵，强调法的价值诉求和技术诉求；礼教派的代表张之洞、劳乃宣等人，强调的则是情理法的“名教”色彩，强调经为里，法为表，实际上就是强调经为内容，法律经为本，法为相。清廷最后站在礼教派一边。法理派在这场变革面前充当了一个挖掘传统，促进中西融合的角色，杰出的代表就是沈家本。沈家本认为，情理就是中国三代以来古圣贤王以仁恕为核心的所有良法美意与西学主旨的复合体。沈家本甚至就刑律而断言：“各国法律精意，固不能出中律之范围。”[③]

经过梳理，霍教授认为沈家本提到的以下几个方面，属于西方各国的法律精神，也完全在中国法律精神范围之内。其一，以《尚书·

---

① 杨鸿烈：《中国法律发达史》（下册），商务印书馆 1933 年版，第 326 页。

② 参见张晋藩：《中国法律传统与近代转型》，法律出版社 1997 年版，第 457-470 页。

③ （清）沈家本撰，邓经元、骈宇骞点校：《历代刑法考（附寄簃文存）》（第 4 册），中华书局 1985 年版，第 2224 页。

虞书》推美“罚弗及嗣”,《周誓》讥抨“罪人以族”证明中国传统法律刑罚止及其身。其二,以晋刘颂有“正文、名例所不及皆勿论”之请,唐赵冬曦有“勿用加减比附”之议证明中国传统法律已经有罪刑法定。其三,以西周“乞鞫”限以期日等规定证明狱诉审判诸制已备。其四,以西周教官之属,“各掌其所属之政教禁令”,刑官之属,“各掌其所属之讼狱”,证明中国传统法律已经有政刑分权之制。其五,以夏台含“不害人”之意来证明中国古代监狱管理与西方监狱“以感化为宗旨”有一致之处。霍存福教授认为,沈家本是在发掘古代人道事实以推动改革,也在为尘世中人设计和争取权利,以西学为证明对象,以中学为证明材料,以中学作西学之注脚,试图融会贯通,但最终却倒向了西学。

笔者认为,清末礼法之争,根本原因在于,近代世界各国大争,西方凭借孕育了四百年的工业文明奠定的国力,开始对东方诸国的资源进行争夺,中国自然首当其冲。世界各国凭借国力进行资源争夺或抵抗,当然这种国力或显现于经济领域,或显现于政治领域,或显现于文化领域,或显现于军事领域。最明显的当然是建立于工业文明之上的军事实力,这使国力较弱的国家,尤其是建立在农业文明社会基础之上,国力较弱的中国,开启了向西方学习的心理。那么在学习军事技术等工具领域的同时,一定要学习政治领域文化领域的知识。但在学习政治领域和文化领域的知识的同时,直接触及一个根本问题,即当时的意识形态和基本社会政治经济制度问题。当时的天理即人伦,人伦即礼法,礼法即名教,名教即纲常,因为这是农业文明为基础的宗法社会的意识形态以及由此意识形态衍生出来的社会政治经济制度,是当时社会之“原理”,也是当然之“法理”。所以学习西方的军事和科学技术,朝廷或许会允许,但触及意识形态领域、涉及根本社会政治经济制度,这是动摇其统治根本,焉能同意。这也就是张之洞、劳乃宣强烈维护情理法的名教色彩的根本原因。所以尽管沈家本强调，挖掘、整理西方的法律精神与中国的情理精神基本一致、西方的司法技术与中国的司法技术拟同一体，朝廷也绝不会接受。

总之，清末变法导致的礼教派与法理派之争，拉开了对中国传统情理法思维习惯理解分裂的命运之幕。一百多年来，随着名教伦理退出历史舞台，仿佛整个中华法系也退出了历史舞台。但是实际上，作为法律框架体系或许难见其身影，但作为一种法思维习惯，作为一种文化基因，其实一直在中华族群社会秩序运转中。在当代中国的社会转型时期，对情理法观的内涵的理性定位，对情理与法理关系相辅相成的合理存在进行梳理、辨析，并找到情理融合生长的生长点作为现代法治实现的平衡点和突破口显得尤为重要。

## 第三节 中国人法律核心价值理念<br>——法本人情与情法两平

通过梳理霍存福教授、范忠信教授、俞荣根教授对情理法这一法文化模式的具体分析，笔者认为，归结起来中华族群有两个核心法律价值理念：一个是从立法角度来看，那就是“法本人情”“法不外乎人情”“立法须原情”；另一个是从司法的角度来看，那就是“情法两得”“情法两平”“情法兼到”。

### 一、法本人情

霍存福教授认为，“法本人情”应当从两个层面来理解。一是法律可以“人情”求之。霍存福教授认为，人之常情和经验法则经过论证可以上升为法律规则，反之，法理可以根据人之常情和经验法则推导出来,并用来裁度法律事务。霍教授考证,由人情而求得法律之精神,最早的是汉成帝的廷尉朱博。朱博的名言是“三尺律令,人事处其中”。[①] 二是法律本于情理而立。所谓“礼律之兴,盖本自然”。霍存福教授提到,梁治平教授注意到清人刘献廷“圣人六经之教,原本人情”的说法,以为“中国文化的精神特质,正包括了缘情设教这一项。法律自然不应与人情相悖”。[②] 霍存福教授考证了南朝刘宋年间的一个案例,充分说明了这个问题。南朝刘宋元嘉七年,郑县人黄初的妻子赵氏,打了儿子黄载的妻子王氏,致王氏死亡,后来遇到赦免。但王氏有父母,而且有儿子黄称,因为有近亲存在,所以依据当时的法律,处赵氏流刑两千里。官员司徒左长史傅隆议论案件的时候说:“礼律之兴,盖本自然。求之情理,非从天堕,非从地出。”傅隆在这里所表达的意思就是,礼律的制定必须依据自然法则,而自然法则就是情理,最高的情理就是人伦。人伦者,人与人之间无可选择的血缘关系。具体案件的处理,目的是避免亲属之间相互仇杀。因此主张对赵氏的处理要考虑到“五伦”的本意。处赵氏流刑两千里的唯一理由是赵氏要避仇。但避仇不是因为被打死的赵氏的儿媳妇王氏有儿子黄称在,而是因为儿媳妇王氏有自己的父母等亲属在。赵氏不必对自己的孙子黄称避仇。而且,赵氏流刑两千里,赵氏自己的儿子黄载也得相从。由此推理,黄载去两千里,其子黄称也应相从。这样循环论证居然推出一个不合理的结果:其孙子黄称母亲王氏被祖母赵氏打死,却又要依伦理因为父亲的缘故,随祖母赵氏和父亲一起流刑两千里。这是不合逻辑的。而且,孙子黄称不能向自己的祖母赵氏复仇,因为孙“无仇祖之义”。所以,法律基于自然“情理”而制

---

① (东汉)班固撰,(唐)颜师古注:《前汉书》,中华书局 1998 年版,第 2519 页。

② 梁治平:《法意与人情》,海天出版社 1992 年版,第 153-154 页。

定这确然有一定的道理。

《商君书·错法》曰:“人情而有好恶;故民可治也。人君不可以不审好恶;好恶者,赏罚之本也。夫人情好爵禄而恶刑罚,人君论二者以御民之志,而立所欲焉。”①这里的人情,是指人的本性,是说人的本性就有好恶,这是天生的。民众的好恶是君主进行奖赏和刑罚的根本,人君要让自己的民众相信这一点,就像相信天上的太阳和月亮一样,那就天下无敌了。《韩非子·八经》曰:“凡治天下,必因人情。人情有好恶,故赏罚可用;赏罚可用,则禁令可立;禁令可立,而治道具矣。”这也是说,法律内容的两大方面——赏与罚,利用了人们的好恶,而好恶本身就是人情。《慎子》强调:“法,非从天下,非从地出,发于人间,合乎人心而已。”②韩非从法律禁止奸邪的功能角度,专门就告奸法与人情的关系作了揭示——连坐法是绝对地符合人情的。《韩非子·制分》云:

> 是故夫至治之国,善以止奸为务。是何也?其法通乎人情,关乎治理也。然则去微奸之道奈何?其务令之相规其情者也。则使相窥奈何?曰:蓋里相坐而已。禁尚有连于己者,理不得相窥,惟恐不得免。有奸心者不令得忘,窥者多也。如此,则慎己而窥彼。发奸之密,告过者免罪受赏,失奸者必诛连刑。如此,则奸类发矣。奸不容细,私告任坐使然也。③

韩非以为,告奸法“其法通乎人情”,在于邻里相坐使邻里们各不

① (战国)商鞅著,石磊译注:《商君书》,中华书局2011年版,第83页。
② (战国)慎到著,钱熙祚校:《诸子集成·慎到》(第5册),上海书店1986年版,第12页。
③ (清)王先慎撰:《韩非子集解》,中华书局1998年版,第476页。

自安的心理状态,从而形成"慎己而窥彼"的互相窥探、互相监督的情形;人情之趋利(告过者免罪受赏)、避害(失奸者必诛连刑)的两个方面,都充分地利用起来了。

春秋战国以后,人们仍强调法律"顺人情""合人心"。汉代晁错认为,古圣王治天下,"其为法令也,合于人情而后行之";①《汉书·刑法志》说:"圣人既躬明哲之性,必通天地之心,制礼作教,立法设刑,动缘民情,而则天象地。"②宋人真德秀认为法令必本人情,就像政事之必因风俗而治。因而,法律就是一个根据人情而立制、顺应人情而立法并加以适用的"治之具"。

范忠信教授总结法律可以"人情"求之和法律本于情理而立的立法原意,提出了"立法须原情"。专门以"近亲属是否有义务出庭作证"为切入点,分析了"亲属相容隐制度",对"法本人情"在当代社会价值和意义进行了深入分析。

范忠信教授认为,如果规定:"凡是知道案件情况的人,都有作证的义务。"犯罪人的亲属是最有可能"知道案件情况的人",如拒绝作证或者违背法定义务,那就可能会构成妨害司法罪,伪证罪,妨害作证罪,帮助毁灭或伪造证据罪,扰乱法庭秩序罪,窝藏、包庇罪。自2012年修订《刑事诉讼法》规定不得强迫近亲属出庭作证起,这一趋势开始发生变化。但是范忠信教授认为,现在的规定只是说不强迫,也不是以证人权利的方式表达的。仅以列举法院职权的方式表达——法院可以强迫证人出庭作证,但近亲属除外。它并没有禁止公检法机关在出庭以外的其他场合(或诉讼阶段)强迫近亲属作证。

在这个问题上范愉教授以证据立法为例,强调要考虑到一种设

① (东汉)班固撰,(唐)颜师古注:《前汉书》,中华书局1998年版,第1747页。
② (东汉)班固撰,(唐)颜师古注:《前汉书》,中华书局1998年版,第917页。

计,那就是“亲属的作证豁免权”。认为当我们为自己的近亲属作出那种不利的证言的时候,我们面临一个情理上的悖论,我们要么对法律负责,要么就得承担一个道德上、亲情上的巨大心理谴责。认为如果亲属作出的证言会使自己的近亲属陷入不利的境地,应该给予他一个选择权,可以作证豁免。

很明显,范忠信教授在这里明确了这样的一个概念:亲属关系既然是天然的、先天的,那这就是人之常情、民之常情,是存在于普通民众之间的一个基本的存在状况,是与生俱来的。当自己的近亲属遇到危险时,处于困境时,掩护他是一种本能,社会硬要自己去违背自己的天性而举发自己的亲属,这是很难做到的。

更重要的是,在此一案件的完全符合正义的终审判决生效之前,谁敢说自己的涉案亲属绝对不会被冤枉?谁敢保证自己的亲属陷入的绝对不是冤假错案?况且人们的心理习惯一般是“亲”亲属而“疏”国家,在没有弄清事实真相之前习惯于假定自己的亲属受到了国家权力的不公正对待(此为另一种意义上的“无罪推定”),这是正常不过的事情。当然,笔者有两个问题在这里需要交代:一是自己本身是近亲属的同案犯,不在此列;二是不去被动举证,不代表可以去主动掩护、转移财产,主动制作伪证。

反观中国古代的“亲属容隐制度”,我国容隐始于何时?东周也。范忠信教授考证了我国史籍中所见最早的主张“父子不得相互告诉”之记载。《国语》载,东周襄王二十年(前 632 年),卫大夫元咺讼其君卫成公于当时盟主晋文公之庭,周襄王反对晋文公受理此案,认为君臣无狱。就算元咺有理,也不可听。如果君臣皆狱,父子将狱,那就不分上下了。范教授认为这就是中国亲属容隐制度最早的原则——“父子无狱”思想的开端。

孔子时,叶公告诉他说有直躬者,“其父攘羊,而子证之”,孔子认为那不是“直”。“吾党之直者异于是：子为父隐，父为子隐。直在其中矣。”[①]在这个问题上，范教授指出叶公认为“其父攘羊而子证之”就是正直，合乎伦理，但合乎的是大众通常秉持的伦理吗？显然不是。孔子认为，恰恰相反，子为父隐，父为子隐才是合乎伦理的正直。

范教授断言：“父子相隐”自此成了两千余年伦理法的一贯原则之一。

唐至明清律“同居相为隐”与“干名犯义”两条之范围，以为亲属容隐制不外三方面含义：首先，一定范围内的亲属可以相互隐匿犯罪；其次，不得告发尊亲属；最后，国事重罪不准隐匿。

范忠信教授考证了中国法律中的亲属容隐传统的开创是在汉宣帝（武帝之孙）时，彼时首次正式颁立“亲亲得相首匿”之法令：“自今子首匿父母，妻匿夫，孙匿大父母，皆勿坐。其父母匿子，夫匿妻，大父母匿孙，罪殊死，皆上请廷尉以闻。”[②]这条诏令正式较为全面地开创了中国法律中的亲属容隐传统。

未来中国与为亲属隐脱罪责有关的法律制度当如何改良？基于前述伦理法理探究，范忠信教授认为，可以在宪法、刑法、诉讼法领域提出非常具体的法律改革建议：

一是在刑法领域应当规定为近亲属开脱责任，逃避制裁，应从轻处理。二是在诉讼法领域，应当扩大不得强迫被告人的近亲属作证的范围，包括侦查、检察、审判各个阶段，而不仅停留在审判阶段。强迫作证造成严重后果的，比照滥用职权罪处理。三是为了这一问题的更高层次解决，建议在宪法“基本国策”部分加上一条“国家重视和保障与本民族基本人伦价值相关的公民权益”。认为只有这样规

① 程树德撰：《论语集释》，中华书局 1990 年版，第 924 页。

② （东汉）班固撰，（唐）颜师古注：《前汉书》，中华书局 1998 年版，第 176 页。

定,才能使中央提出的“建设优秀传统文化传承体系,弘扬中华优秀传统文化”落实到法律层面。

## 二、情法两平

霍存福教授认为中华族群第二个核心法律价值观念就是法律的实施需要有“情”的照顾,如此一来方为圆满,即所谓“情法两得”“情法两平”“情法兼到”。霍教授认为这是司法者追求的最高的圆满境界。按郭星华教授的理解,这种最高的圆满境界,就是一种和谐的方案。

宋代韵文律书《刑统赋》开宗明义即称“律意虽远,人情可推”。在古人看来,法律与情理应该协调一致,“殊不知法意、人情,实同一体。徇人情而违法意,不可也,守法意而拂人情,亦不可也。权衡于二者之间,使上不违于法意,下不拂于人情,则通行而无弊矣。”①

霍存福教授以刑事案件为例,从法律实施的角度,或者说法律适用的角度,梳理论证出中国传统法律适用过程中司法官员的法律思维中设想之价值目标,那就是情法两平(情法两得、情法兼到)。

“情法两平”就是在充分考虑社会情境的基础上,为了解决纠纷,多方权衡之后,提出的以恢复或调整双方原有社会关系为目的的法律适用过程。而这个法律适用的最终目的,就是要拿出一个“和谐”的方案来。唯有如此,这个法律适用过程才能得到最后双方或多方都满意的结果。为了这个和谐的方案,中国人所依据的情理选择的社会规范,不仅包括国家的法律,也包括风俗习惯。因此,对中国人来说,这并不是一个纯粹理性的、逻辑主义的法律思维方法。郭星华

① 中国社会科学院历史研究所宋辽金元史研究室点校:《名公书判清明集》,中华书局1987年版,第311页。

教授用孔子“父子相为隐”的故事和瞽瞍杀人、大舜窃父而逃的故事，来说明中国故事不是如果A则B，当C是A时，不一定出现B这样的单一的命题。形式理性主义的法律思维方法就是先把社会事实类型化，然后对社会具体事实通过法律逻辑适用法律原则得出这一具体事实是否为类型化社会事实。也就是如果A则B，现在C是A，所以当C出现了，那么就应是B。如果是非B，认为这不符合正义。为了这个，西方的分析法学派振振有词地提出了实质正义和程序正义的区别，认为只要程序正义A，那么实质正义B的存在不够重要。因为实质正义B几乎是永远也不可能达到的。这种法律思维所保护的是个人的权利，形式上是追求西方人思维中的社会正义。认为所有的社会正义都必须通过一个判决来宣示，而这个判决又必须通过法律的逻辑，从权利原则中推导出来。中国式和谐平衡是情理断狱的终极性目标，所谓诉讼，所谓“教谕式调解”，所谓合情合理，追求的都是一种和谐与平衡。

“和谐”的方案目标就是追求合情合理合法。最常用的说法是“合情合法”。有时也称作“合情合理”或者“合理合法”。其实无论是“合情合法”还是“合理合法”，都是既合情理又合法理。所以全面来说就是合情合理合法。范忠信教授也曾说，“古代中国式真正的法律是情、理、法三者的结合，判断人们的行为是否善恶的最根本标准乃是合情、合理、合法”。[①] 我们这里将“合情理”简称为“合情”，将“合法理”简称为“合法”。

（一）合法

任何一个案件，必须合乎法律，必须首先强调缘法而治。

霍存福教授总结中国传统的法治原则，那就是“准法而断”。认

① 范忠信等：《情理法与中国人》，北京大学出版社2011年版，第24页。

为中国古代先秦法家的法治理论及法治实践,确立了一系列原则和基本的制度框架,后世也基本坚持了这些法治原则和制度设计。霍存福教授援引古代案例对"准法而断"做了细致形象的说明,强调了法律在人们心目中的地位。

按律处断。唐李朝隐做大理卿,武强令裴景仙犯乞取赃达到五千匹,事发逃走。唐玄宗大怒,命令集众杀之。李朝隐执奏曰:"有断自天,处之极法,生杀之柄,人主合专;轻重有条,臣下当守。'枉法'者,枉理而取,十五匹便抵死刑;'乞取'者,因乞为赃,数千匹止当坐流。今若'乞取'得罪,便处斩刑,后有'枉法'当科,欲加何罪?所以为国惜法,期守律文,非敢以法随人,曲矜仙命。……应敕决杖。"玄宗最后听从了李朝隐的意见,诏决杖一百,流岭南恶处。[①] 仔细区分两种赃罪的差异,坚持据实依法处理,说明李朝隐这个大理寺卿是称职的。因为法律是一个精雕细琢的、对行为情形及相应处罚高下区分严密的系统,不可混淆,不得错乱。

贯彻"法意"。这是金朝发生一个案件。亳州一个医生孙士明,用黄纸写了"敕赐神针先生"等十二个大字,纸尾年月处又仿照印章刻写了红色的篆文"青龙"两个字,目的不过是招揽生意。官府逮捕审问伏罪。刚好逢大赦,但大理寺以为应按"伪造御宝"定罪,虽遇赦不应原。奏明皇帝,已获批准。但参知政事贾铉上奏说:"天子有八宝,其文各异。若伪造,不限用泥及黄蜡。今用笔描成'青龙'二字,既非八宝文,论以伪造御宝,非本法意。"上悟,遂赦之。金朝循用唐律,《唐律疏议·诈伪》伪造御宝条:

> 诸伪造皇帝八宝者,斩。太皇太后、皇太后、皇后、皇太子

① (后晋)刘昫等撰:《旧唐书》,中华书局1999年版,第2116页。

> 宝者，绞。皇太子妃宝，流三千里（伪造不录所用，但造即坐）。疏议曰：皇帝有传国神宝、有受命宝、皇帝三宝、天子三宝，是名"八宝"。……八宝之中，有人伪造一者，即斩。……注云"伪造不录所用"，谓宝既金、玉为之，伪造者不必皆须金、玉为之，亦不问用与不用，造者即坐。①

依律意，"伪造者不必皆须金、玉为之"，故贾铉说伪造材料"不限用泥及黄蜡"，均可构成；但"伪造御宝"罪的更主要的要件，是必须使用与皇帝御玺同样的文字。律中虽无明文，但可以推知而得。草野之人胡乱使用几字，自然不能按"伪造御宝"定罪。该罪的构成要件是本案的关键。

依法搏击权豪：

> 崔沂字德润，为御史司宪，纠缪绳违，不避豪右。寇彦卿入朝，有民不避，道投诸栏外而死。沂劾奏："请论如法。"彦卿对："令从者举置栏外，不意误死。"梁主欲以过失论，归罪从者。沂奏："在法，以势力使令为首，下手为从，不得归罪从者；不斗而故殴伤人，加伤罪一等，不得为过失。"乃责授彦卿游击将军。彦卿扬言："有得崔沂首者，赏万缗。"梁主使人谓彦卿曰："崔沂有毫发伤，我当族汝。"时功臣骄横，由是稍肃。②

无疑，这是不避权贵依法精确分析首犯与从犯、斗伤与故伤区别

① （元）脱脱等撰：《金史》，中华书局1999年版，第1458页。

② （北宋）薛居正等撰：《百衲本旧五代史》，国家图书馆出版社2014年版，第445页。

的案例。寇彦卿是朱温旧部之子,十分受宠。当初梁太祖受禅,寇彦卿为华州节度使,加检校太保。“岁余,入为左金吾卫大将军,充街使。一日,过天津桥,有老人误冲其趋道者,排之,落桥而毙,为御史府所弹,太祖不得已,责授左卫中郎将。”崔沂敢于对这样一个人较真,难能可贵。这体现了崔沂作为一名司法官员的高贵品格,敢于依法同权贵作斗争,这也是历来人们对果敢官吏给与褒评的缘故。包括汉代的酷吏,也以搏击权豪而受到崇敬,“据法守正”,司马迁称这些人“斯称其位矣”。而梁太祖虽然对寇彦卿极为宠信,在寇彦卿威胁崔沂之时,还是维护了崔沂,对寇彦卿言:“崔沂有毫发伤,我当族汝。”更重要的是,崔沂能够区分首犯与从犯、斗伤与故伤。指出虽然直接犯罪的是从人,但是下指令的是寇彦卿,因此寇彦卿才是首犯;而且从人并没有与被伤害者发生斗殴行为,因此不是过失犯罪,而是犯罪动机上主观故意。

(二)合情

合情的前提首先是司法官员要熟习“人之常情”。霍存福教授考证,《韩非子·外储说左下》载:桓公问置吏于管仲,管仲曰:“辩察狱辞,清洁狱货,习人情,夷吾不如弦商,请立以为大理。”齐桓公要管仲推荐政府要员,管仲连续推荐五人,包括大理、大行、大田、大司马、谏臣。推荐理由都具体而明确,桓公当然能接受管仲的这个推荐。其中居第一位的就是法官——大理。在管仲看来,作为国家最高法官的大理,需要有三个基本素质:一是辨察“狱辞”,“辩”通“辨”,即明辨,指对于两造(原告、被告)的告发词和辩解词,以及在法庭上的面对面的辩诉,法官须得能听、会听,从中辨别双方的是非、曲直;二是廉洁,不接受任何一方的货贿,否则就是“以狱为市”,引起另一方当事人的不服,进而影响司法的权威或公信力;三是通悉人情,对人性善恶、人情好恶有深刻把握,只有对人情世故有深入体察,才能做得好。因此,习人情是法官理解法律的基础,对人性的洞察是法官断案的基础,良法美意也必须由法官去体悟和把握。古人惟良折狱是说选拔贤良之人来担任司法官员。武王司寇是苏忿生。《尚书·立政》记载,“周公若曰:太史、司寇苏公,式敬尔由狱,以长我王国。兹式有慎,以列用中罚”。曾子诫阳肤故事中讲,曾子告诫即将上任的弟子阳肤说:“上失其道,民散久矣。如得其情,则哀矜而勿喜。”《左传·哀公元年》中陈国人逢滑与陈怀公有一段对话:“国之兴也,视民如伤,是其福也;国之亡也,以民为土芥,是其祸也。”①如果发生在2006年8月11日15时半的崔英杰案中,后来被确定为烈士的李志强用视民如伤的悲悯情怀来行政执法,相信这场悲剧可能不会发生。该案中导致崔英杰伤害李志强致死的一个关键性情节就是,崔英杰认为李志强拉走了他赖以生存的全部家当——三轮车和制作小吃的工具。

法官“习人情”在司法上的运用就是“原情”,包括“寻事原情”“原情求实”“原情定罪”“情有可原”等几个层面。

霍存福教授考证,最早见诸史籍的、作为固定词汇的“情有可原”,当属《新唐书》所载的赵氏民女为父之迫饥而盗诉求免死案:

> 山阳女赵者,父盗盐,当论死。女诣官诉曰:“迫饥而盗,救死尔,情有可原。能原之邪?否则请俱死。”有司义之,许减父死。女曰:“身今为官所赐,愿毁服依浮屠法以报。”即截耳自信,侍父疾,卒不嫁。②

---

① 古敏主编:《中国古代经典集粹》,北京燕山出版社2011年版,第463页。

② (北宋)欧阳修、(北宋)宋祁撰:《新唐书》,中华书局1999年版,第4455页。

应死之盗犯，最终被减刑不处死，这不是法官最初的主张。只是官府觉得事出有因，迫饥而盗盐，确属“情有可原”，可以不处死。此“情”属于案内之情，即因饥贫而盗——犯罪原因及动机上的可原之“情”。而此女不仅是孝女，而且是勇女、信女。勇者，如不能达之所愿，愿与父俱死；信者，父亲被减刑不处死，截耳自信，终身不嫁，是当时所处时代的道德楷模。从今天的角度来看，迫饥而盗盐，社会危害的确不大。当然，由于那个时代的盐铁专卖，盗盐行为处罚较重，却又是另外一个问题了。

仅仅是合情是不够的，还要合理。霍存福教授认为，“通达事理”是古代中国，对官员尤其是司法官员选拔的重要标准。据考证，《旧唐书·良吏传下薛珏传》载，唐德宗建中时，“诏天下举可任刺史、县令者”，一时推举上来近百人。德宗下令薛珏与群官询考，通过“延问人间疾苦，及胥吏得失”，最终“取其有恻隐、通达事理者”，结果十人中才得一二人。由于选择较严，这些最后被确定的人选“皆叙进官，颇多称职”。这是强调地方父母官除了有“恻隐”之心外，还应当遇事不惑，“通达事理”。《清史稿·选举志一》载：清高宗时，孙嘉淦建议对太学诸生“考试时，必以经术湛深、通达事理，验稽古爱民之识。三年期满，分别等第，以示劝惩”。

《唐六典》卷二考功员外郎条：其秀才试方略策五条，文、理俱高者为上上，文高理平、理高文平者为上中，文、理俱平者为上下，文、理粗通为中上，文劣理滞为不第。

这里的上上、上中、上下、中上、不第的五个等别中，“文”“理”两个方面都作了全面的考察和衡量。其中，“文高”“文平”“文粗”“文劣”皆指“策文”文字表达层面，属于文章外在的技术性方面，包括文字优美程度、结构安排等，在当时主要是用典是否恰当，骈俪文构成等；“理高”“理平”“理粗”“理劣”等均指“策文”的说理层面，属于文章内容的实质性方面,包括事理揭示的是否正确、恰当,说理是否透彻、充分,尤其适用儒家原理是否妥贴。

霍教授考证,《唐律疏议·名例》同职犯公坐条,规定了行政、司法官员都适用的公事失错时的连坐办法。这是检验官员们下“判”的功夫,即吏部“身、言、书、判”之“判”在实践中的应用。依照规定,各级各类行政、司法官署的“四等官”——长官、通判官、判官、主典等,在自下而上的公事处理过程中,每个等别的官员判事都不能有错失,更不能故意作弊。判断各等别官员失误与否的用词,正面的有“合理”“得理”,对应的一面是“失理”“曲理”“故违正理”。

最能体现是否合理的是审案也须察“理”,也就是可以“合理怀疑”,以定真伪。

宋沈括《梦溪笔谈》也载一案:张升做润州知州,一妇人的丈夫外出,数日不归,忽然听说菜园的井中有死人,就立即前往去看,顿时悲号痛哭说:“吾夫也!”也就报告官府。张升命令下属集合妇人的邻居到井旁,检验是否为其丈夫,大家都以为“井深不可辨,请出尸验之”。张升说:“众皆不能辨,妇人独何以知其为夫?”遂将妇人收押,令法司审问。案情果然是奸夫杀死其丈夫,而她是共谋者。妇人的行为是案发后的非正常反应。抢在别人反应之前认夫,是希图事情早发、早了。不成想“机关算尽太聪明”,只能证明妇人事先就知道井中尸体为其丈夫。

# 第五章　情理法文化精神的生长方向

梳理了当代中国法学界对情理法观的历史演变和样式展开的全面思考之后，我们面临一个问题，那就是对情理法观生长点和生长方向的思考。

探讨情理法观的生长点和生长方向，一定要基于社会现实，那就是“现代化”，当前中国社会的基本国情也就是中国的整个现实社会图景，就是当代中国民众所处的社会法律生活“情境”，就是当代中国最大最重要的“民情”。

朱苏力教授认为，明晰当代中国的民情，就找到了法治中国的平衡点与突破口。朱苏力教授、顾培东教授对中国的“法意（法文化精神）”进行了深入思考，一致认为当代的中国民情——中国特色的现代化完全不同于西方的现代化，那我们在文化领域尤其在法文化领域，应当积极促进本土资源的现代转化。

张晋藩先生、张中秋教授、俞荣根教授在中国人的法律生活理性认知方式选择上观点一致，那就是一定要用中国人自身民族特色的（法意），也就是用中国的法思维关注中国人生问题，解决中国现实问题，合理安排中国秩序。

情理法观的生长方向是张文显教授和张中秋教授重点关注的一个理论热点，那就是建构“道德人文型法治”理论和实践模式，实现以“良法善治”为表征的“和谐”法理想。因此，以“良法善治”为表征，

"揆情(理)入法",实现事实、规则、法意的圆融就是情理法观的生长路径。在这个问题上,笔者认为应以姚建宗教授基于"法的内在机理"的思考和陈林林教授基于"可普遍化证成原则"对"经验法则"的逻辑论证的思考为理论基础,来思考如何"揆情(理)入法",实现"情(理)法交融"。

## 第一节 当代中国的法律生活情境与法治自信

### 一、当代中国的法律生活情境——中国问题与中国人生问题

要判断中国传统情理法观的生长方向,首先要明晰当代中国法律生活的情境。

民惟邦本,是说百姓是国家的根本。《尚书·五子之歌》有言:"皇祖有训,民可近不可下。民惟邦本,本固邦宁。"[①]百姓是国家的根本,那么百姓的根本是什么呢?笔者认为应当包括经济上的富足、政治上的尊严、文化上的自信。孔子说:"民以君为心,君以民为本","心以体全,亦以体伤。君以民存,亦以民亡"[②]。荀子也说:"君者,舟也;庶人者,水也。水则载舟,水则覆舟。"[③]唐太宗李世民则总结出"为君之道,必须先存百姓"的道理。当然在现代社会的君,已经被国代替。传统社会的君道即现代社会的国之道也。

政得其民。这是说治理国家要得到人民的认可。《管子·牧民》中说:"政之所兴,在顺民心;政之所废,在逆民心。"[④]《孟子·离娄

① 王世舜、王翠叶译注:《尚书》,中华书局 2012 年版,第 369 页。

② 胡平生、陈美兰译注:《礼记·孝经》,中华书局 2016 年版,第 218 页。

③ 张觉:《荀子译注》,上海古籍出版社 2012 年版,第 455 页。

④ (春秋)管仲著,李山译注:《管子》,中华书局 2016 年版,第 5 页。

上》:“得天下有道:得其民,斯得天下矣。得其民有道:得其心,斯得民矣。”又曰:“仁言不如仁声之入人深也,善政不如善教之得民也。善政,民畏之;善教,民爱之。善政得民财,善教得民心。”①

朱苏力教授认为,明晰当代中国的民情,就找到了法治中国的平衡点与突破口。那么什么是当代中国最重要的民情呢?

在2010年《探索与争鸣》编辑部与华东政法大学社会发展学院联合召开的“法治中国何以可能”的圆桌会议上,朱苏力教授提出了中国当前最重要最核心的问题,那就是中国的法治所面对的中国社会最大的现实——现代工商社会的建设历程。百年来中国法律生活的背景是中国社会的现代化追求与法的现代化,这涉及当前的中国处在现代化的什么阶段?何时实现现代化?中国现代化的历史进程与世界现代化的历史进程的时间和空间关系如何?这也就同时决定了中国的法文化的现代化问题。

因为说到底,情理法观是一个传统法意识问题,是一个法思维的问题,尤其是要思考西方现代化与后现代化的法律思维模式,到底应该在多大程度上影响中国法文化的现代化,因为中国法文化的现代化就是中国情理法的生长方向。但在中国法文化的现代化的实现过程中,传统法的观念——情理法观将向何处去?它的生长方向在哪里?这是很现实的问题。

关于现代化,一个是西方社会的现代化,另一个是中国的现代化。中国的现代化,又包括近代中国的现代化和当代中国的现代化。

西方社会的现代化。西方社会的现代化最先是称欧美国家的西方化,也曾称之为欧化、美国化。简而言之,就是指17世纪以来到20世纪三百多年间,欧美各国,或者说西方各国,经济上由农耕文明向

---

① 杨伯峻译注:《孟子译注》,中华书局1960年版,第171页。

工业文明转化，随着资产阶级革命的胜利、民族国家的形成、宪政民主的实现体现出来的社会和文化变迁的历史过程。

西方法的现代化（西方法意）。随着整个社会和文化的变迁，西方社会形成了自身独特的法文化精神，或者就叫西方法意。西方的法文化精神，总体大旨无非就是建立在工业文明和商品经济基础之上的，从商事习惯中演变出来、从保护个人权利出发、追求社会正义秩序与存在状态——当然也是为了分配经济利益而形成的西方特有的宪政，并在此基础上形成了西方特有的法意。那是西方人生的凝结，大约经历了三百年。所谓前现代、现代和后现代的划分均以此为基。

西方的这种法文化精神，既然是随着工业文明和商品经济的发展而生长，那就必然要摒弃奥古斯都和托马斯·莫尔的上帝法律思维，出现了神俗分离，转而汲取古希腊、古罗马的法律制度和法律文化精神为现代的工业文明和商品经济服务。三百年间国力上升，欧美各国互相进行资源争夺与共同分割掠夺世界范围内的财富的斗争交叉进行，为我们展现了一幅血腥的、但又似乎是美丽的图画。笔者认为，这就是西方的法的现代化的历史进程。

许多学者口中的西方的后现代化，无非是近一百年来，西方各国在工业文明达到兴奋点之后的经济停滞带来的困扰和纷繁复杂的社会现象如何应付的现状。所以西方现代化法理和后现代法理的追问就是在这个背景上产生的。

中国的现代化首先是近代中国的现代化，向前可以追溯到鸦片战争对中国的政治文化的冲击，具体来说从洋务运动开始，中国试图走上现代化进程。但是经济现代化以政治完全独立为前提。从清末一直到中华人民共和国成立，中华民族其实一直在为一个伟大的目标而努力，那就是政治独立。19 世纪 40 年代到 20 世纪 40 年代，中华民族用了 100 年终于实现了政治完全独立这一目标。但是近代中国的社会结构撕裂之后,经济的现代化经历了一个艰难困苦的历程。那么文化的现代化,尤其是法文化的现代化当然更是一个艰难的建设过程。比如清末的变法修律,就是如此。难怪辜鸿铭曾经叹息,民国好像还不如大清。

但是改革开放以来近半个世纪的社会事实是中国社会结构发生了从“差序格局”到“多元格局”的巨大变化。中国的社会结构发生了变化,说穿了就是现代社会建设走上了快车道。当代中国的现代化生活已经展现在我们的眼前,在这个现代工商城市社会的建设历程中,就是由不发达的工业化与农业化的结合体,向现代工商城市社会转化的社会现实。围绕这一现实来探讨法治中国,就是当今中国的真命题,就是中国人所处的“情境”。

现代城市人口和农村人口高速流动,现代城市农村人口、现代农村城市人口交叉并存,现代城市生活与农村生活多维存在,思维方式、生活方式、法律意识多维存在。中国的农民需要发展和就业的机会,需要新的知识和技能,需要教育和培训,需要对现代社会法律制度进行认知和遵守。在这种社会变迁和文化变迁过程中,中国的农民、新的城市人口和原本的城市人口面临着社会变迁中的各种危险和风险,这其中最主要的就是人身安全和财产安全的问题。徐玉玉事件就是一次折射,信息化使这一切风险更加被放大化。新问题不断展现,朱苏力教授甚至提到了“颜值”所涉及的一系列法律问题。朱苏力教授以京津冀协调治理雾霾问题为例,认为法治一定要平衡社会各阶层的利益、要周到和缜密,因为很多法律人相信自己代表的是全社会的利益,其实可能仅是自己所代表的那个群体的利益。解决京津冀雾霾问题,健全利益补偿机制才是重要的突破口。

中国法的现代化历史就是自近代以来中国人法律精神生活样态

的变迁史。

一百多年来,随着“西法东渐”,西方法律文化不断冲击中国的社会结构,中国固有的法律文化传统被割裂。因此,中西法律文化的冲突就在所难免。这种冲突,从根本上说,是在生产方式或者叫作物质资料生活方式上,中国小农经济解体,导致一直用这种小农经济的宗法制社会组织形式发生变化,从而最终导致中国人特有的法律精神生活样态发生了变化。

近代以来,小农经济受到冲击,社会结构发生撕裂,精神状态受到波及阶段,“西法东渐”开始。自鸦片战争后,至中华人民共和国成立之前,唐德刚先生的《晚清七十年》深刻描述了中国传统的农耕社会是怎样一步一步沦落为殖民地半殖民地社会的。内忧外患迫使清政府采取多种手段企图保持一种君主专制的政体,从而保持民族国家的统一。大清立宪又称为“立宪运动”,是中国清朝政府继洋务运动、维新运动之后推动的第三次大型改革,时间跨度为 1905 年至 1911 年,目的在于通过自上而下的政治体制改革,使大清帝国成为君主立宪政体的国家——当然,这没有成为现实。辛亥革命的胜利,确立了共和政体,但是民族国家的统一并没有最终实现,社会结构撕裂,法治处于梦魇阶段。

自中华人民共和国成立至改革开放之前,由于经济社会结构中小农经济被公有制经济完全代替,社会结构城乡二元政治固化,出现了板块化存在,法律制度整体上照搬照抄了苏俄的法律框架,传统法文化观念被暂时搁置。这时候个体的人,在政治上平等,在经济上也似乎是平等的。随着国家政治的独立,每个个体的人,在精神上也是平等的、自由的——虽然人们个体的可供支配的个人消费品少得可怜,但是只有政治上的风波、没有经济上的利益冲突,由于文化的匮乏,也没有思维上的多元化,中国传统的法文化精神完全被政法一体的体制淹没了。

当代中国法的现代化的图景正在展开。改革开放以来 40 多年的历史,中国的社会结构发生了巨大的变化。小农经济形态转化为市场经济形态,社会结构颠覆重组,发生了从“差序格局”到“多元格局”的变化。传统法文化观念与市场经济社会正处于融合重组碰撞阶段。如何用中华民族法文化精神来思考和解决中国最大的现实问题和人生问题,走上一条现代法治之路,从而坚定中华族群的法治自信和法文化自信,就成为法史学界的一个需要重点思考的问题。

## 二、对当代中国的法意(法文化精神)的思考

面对当代中国的民生“情境”,首先需要明确的是,“中国的法意”不必、也不可能与“西方的法意”刻意相同。法意者,中国古代法治的一个重要概念,据说当年严复翻译孟德斯鸠《论法的精神》曾以此作为书名,所以法意也可以直接理解为法的精神。张斐注律序曰:“今所注皆网罗法意,格之以名分。使用之者执名例以审趣舍,伸绳墨之直,去析薪之理也。”①

1996 年,朱苏力教授出版了《法治及其本土资源》一书,该书以秋菊的困惑和山杠爷的悲剧为引子,揭示了法治及其本土资源之间的某些冲突。朱苏力教授强调当代中国法治的实现必须深入挖掘中国本土法文化资源,并提出了一系列当代中国法治所面临的主要关系,比如传统与现代、普世性与特殊性、法治的建构、法治的运行、法律权威、法律意志等。朱苏力教授的学术探讨已经囊括了当代中国法治的基本问题。

关于法治的实现,朱苏力教授提出了三个伪假定:

---

① 张警注释:《晋书·刑法志》,成都科技大学出版社 1994 年版,第 91 页。

> 第一个伪假定：中国或历史上的中国，从来就没有法治、或者没有存在过法治传统；
>
> 第二个伪假定：法治是一个终极的稳定的持久的理想状态，我们可以欣喜若狂地到达；
>
> 第三个伪假定：拷贝西方的法治经验，就可以完成中国的法治。

朱苏力教授对这三个伪假定进行了逐条驳斥。

关于第一个伪假定，朱苏力教授认为，在中国有没有法治，或者说有没有法治传统的问题上，必须反对历史虚无主义，反对法治虚无主义。

如果仅从法治的治理规则是否存在这个角度来看，古代中国民族国家的统一、货币的统一、度量衡的统一、税法的完善、行政军政监察三种权力分立，行政法典中防止世卿世禄的科举制度、官员异地任职等法律制度，表明在当时的农耕社会下中国的法制是非常完善的。甚至，对比欧洲 18 世纪以前的封建贵族的统治权，中国农民的社会地位更高、生活更富裕、个人上升空间更大。换句话说，四百年前的中国的法治优于世界上任何一个国家的法治。只不过对于现代工商社会而言，由于中国的社会转型尚未彻底完成，中国的法治状态尚有待于逐步完善。即使在今天的中国，搞中国特色社会主义的法治现代化，也不能完全以西方法治为参照系。朱苏力教授还举证说："1823 年，美国联邦最高法院在约翰逊麦诉金托什案中就宣布：印第安人虽然'自古以来'就占有了土地，但他们却从来不拥有真正的'产权'，就因为他们是野蛮人，反倒是殖民者通过'发现'获得了这些土地的产权。”[①]所以,西方的法律制度,以及思考这些法律制度的法意,有什么值得我们作为圭臬的呢?

关于第二个伪假定,朱苏力教授指出,法治是一个理想的状态。这没有错,但它是一个动态的状态。从来没有一个完全静止的理想状态能够让我们欣喜若狂地到达,这不是一种过日子的心态,因为生活本身就是一个不完美的状态。当今中国正处在转型期,“天不变道亦不变”的时代已经不再存在,一切都在动态中,人的欲望、人的追求、人的想象处在一个不断被激发的时代。14多亿人口中的数亿人都要改变生活状态的时代,必然是一个社会关系极其复杂的时代:由农业为本转向现代工商业为本,数亿人的生活空间将由农村转向城市,城乡一体化就是一个写照。农村土地使用权的确权与流转等问题的解决都需要一个时间。新秩序如何确定?朱苏力教授认为可能需要几百年的时间,才能完成演化和磨合。关于时间的问题,笔者倒是认为“一万年太久,只争朝夕”,几百年倒是不必,十年、二十年好像还是必须的。这就是当前的中国问题,这就是当前的中国的人生问题。

关于第三个伪假定,朱苏力教授对完全拷贝外国的法治经验就可以完成中国的法治持保守态度。关于为什么不可以完全拷贝外国的法治经验,朱苏力教授提到了三点因素。第一,文字的差异导致东西方对问题的描述的语境不同,不太容易沟通;第二,中国的人口问题是一个非常现实的约束条件,对这个要素的思考具有非常重要的意义,朱苏力教授认为中国众口难调是一个现实的问题;第三,与西方相比,如和美国相比,中国东西部经济政治文化发展不平衡状况导

① 苏力:《“法治中国何以可能”背后:伪假定VS真命题》,载《探索与争鸣》2016年第10期,第34页。

致各地对法律制度的需求不可能完全一致。

顾培东教授将朱苏力教授上述思考称为“苏力问题”,同时指出了朱苏力教授上述思考的两点不足,而后又在此基础上,提出面对朱苏力教授提出的法治实现与对本土资源的挖掘问题,应当拓展对本土资源的认知视野。顾培东教授把这称为“苏力问题”中的“问题”。

顾培东教授指出,任何一个后开始进行现代工商文明建设的国家,在这社会转型中必然存在“外源性法理”与“本土资源情理”产生矛盾的问题。但朱苏力教授在1996年全国上下都对“外源性法理”产生了巨大的热情、憧憬的时候,能够通过对《秋菊打官司》和《被告山杠爷》这两部影视作品的思考,揭示现代法治中国乡土社会传统治理手段之间产生的矛盾,由此揭示“情理”与“法理”的冲突,是非常难能可贵的。但也存在两点不足:

一是认为朱苏力教授在发现、观察、分析问题的时候,更多地诉诸自己的直接感觉,而没有对我国乡村治理的实际机理与逻辑关系进行深入思考。长期以来,我国乡村治理是以国家、村长、村民三种主体构成的一种动态化平衡。在这种动态化的平衡中,村长或者山杠爷们处于主要地位,他们以国家授权的名义、按照法律制度对村民实施管理并提供服务,村民们也由于村长背后的国家权威及法律制度而服从这种管理,同时也分享可能的“服务”,这就是中国乡村社会的实际生态和各主体之间的共生关系。顾培东教授认为,朱苏力教授在这方面没有进行深入的分析和思考。据财新《新世纪》2012年5月2日的报道,一名信贷员突然死亡,牵出农信社史上最大金额的冒名贷款案件。截至2018年2月25日,辽宁省政府抽调包括高校教师等在内的3000名以上的工作队伍到农村基层担任乡镇副书记或者村级第一村支书(村主任),农村基层的社会管理正在发生新的变化。

二是认为朱苏力教授虽然强调中国的法治一定要从中国的社会现实出发,绝不能用任何一个国家的法治来航标中国的法治道路,绝不能盲目移植西方的法治模式,但朱苏力教授只是一个朴素的实用主义者,在中国乡村的原生态治理方式上,陷入了"存在即合理"的逻辑中,有不加分别认同的倾向。对村长们的行为,保持了一种理解和宽容,对秋菊的困惑保持了同情,但也对法治化手段的介入表示了质疑。甚至认为"私了"起到了"民间法"的作用。顾培东教授指出,秋菊打官司这样的案件,不在自己的空间之中。因为这与财产纠纷不同,这不是个人意志能解决的问题,这涉及公共安全,应该以国家意志为旨归,公共安全、公共秩序场层面上的问题,不应全部借助乡村治理模式。而且,现代法律的运用给乡土生活带来的冲击所付出的代价只是暂时的,不应该把乡土生活中秩序中的一切内容都固化于优先地位。

顾培东教授提到,中国正处在社会转型期,大部分农村人口向城市移动,这样就形成了城市群体、新融入城市的原农村群体、城乡结合部的农村群体、由城市流入农村的群体、农村原有的群体,它们构成了中国人口结构的复杂性和多样性特征。所以必须把法治本土资源——"情理"放大到中国政治经济文化社会整体环境认识,这就可能要面对几个问题:第一,中国的法治与政治之间相互融合实现理性化问题;第二,社会的差异性与实行法治的关系问题;第三,实行法治与传统熟人社会、"夹生人"社会的关系问题;第四,超越式发展的社会现实与法治的关系问题。

笔者认为,顾培东教授的担忧确实有道理。关于第一个问题,不难解决。因为国家的政治体制属于上层建筑范畴。这种体现在"法理"中的关于国家政治上层建筑的"情理",我们认为属于"情理"中的"原理",这已经成为政治结论的范畴。关于第二、第三这两个问题，根据前面的分析，国家至少有六大人口群体，因此社会问题的多样化、差异化，熟人社会、“夹生人”社会的社会关系复杂化问题，确实是需要深入思考的问题。关于第四个问题，中国超越式的迅猛发展，确实出现了一个时空错位的问题。由于中国社会发展的速度确实是太快，外源式法治治理，且不说法律移植之后的消化与整合确实需要时间，中国人口在国内与国际之间的迅速流动也使人们对现代化、后现代化的概念产生错觉，并由此对法律治理的情理与法理的冲突措手不及，也是题中应有之义。因此在法治现代化过程中，对本土资源的视野进行全方位拓展，确实是一个刻不容缓的问题。

## 第二节　事实、规则、法意的圆融与“和谐”法理想的实现

### 一、以民族法律文化精神实现中国法理想

#### （一）以民族精神为准据为依归实现中国法理想的思考

人类法律的内在使命和基本价值是秩序与正义。[①] 世界上每个族群都有自己关于理想社会秩序与正义的设计。钱穆先生说过：“我们过去的失败，并不在于体力上、知识上、智慧上比外国人差，而是不知道怎样做一个当前的理想的中国人。”[②]

张中秋教授认为，法律之于人类最重要的使命是秩序与正义。不论东方、西方均为如此。但是不同的族群法思维习惯在形式上确实具有差异，西方人强调权利的平等，充分的平等，就需要详细的、烦

① 参见[美]E. 博登海默：《法理学——法哲学及其方法》，邓正来、姬敬武译，华夏出版社 1987 年版，第 302-339 页。

② 钱穆：《新亚遗铎》，生活 · 读书 · 新知三联书店 2005 年版，第 115 页。

琐的规则来保障,这也许就是我们所理解的实证主义法律观的形式正义;中国人所强调的是个体与群体的和谐,而这个个体与群体的和谐之中自然也就包括了权利实现,当然这种和谐所需要的不仅是详细的规则,遵守规则的同时更强调道德的自律。而最终,权利的平等与秩序的和谐一样,都同样能给人以幸福,当然这种和谐,西方主要依靠正义的法律来实现,中国凭借道德自律和法律补充来达到。和谐与正义有差别,但作为不同文明的理想同样能给人以幸福。所以,在创制并实施法治、人权与自由的法律时,亦不要忘记中国人自己关于法的道德性与目的性的思考,在追求法即权利的正义时,引入我们的公德,顾及我们的民意。①

俞荣根教授认为,在现代法治建设过程中,绝对不能全盘引进西方的现代法律制度和价值体系,也不能彻底炸毁中国古老的法律传统。其实,关于法律移植可不可能的争论由来已久。孟德斯鸠曾说过:"为某一国人民而制定的法律,应该是非常适合于该国的人民的;所以如果一个国家的法律竟能适合于另外一个国家的话,那只是非常凑巧的事。"②而何勤华教授认为,既然法律具有普遍性,这种普遍性所要解决的问题又是各个国家都面临着的共同问题,那么,一国移植他国的法律就是必然的事情了。因此,法律移植是法律的普遍性的必然表现,是法律发展的规律之一。但是俞荣根教授认为,虽然法律制度可以移植,但蕴含于制定法和习惯法之中的法的价值、法的精神,还有全社会性、全民族性的法行为、法思维、法心理,是绝对难以从别的国家全盘继受而来。

中国的法治在很长的时间里,必须把社会的安全和秩序摆在非

---

① 张中秋:《概括的传统中国的法理观——以中国法律传统对建构中国法理学的意义为视点》,载《法学家》2010年第2期,第64页。

② [法]孟德斯鸠:《论法的精神》(上),张雁深译,商务印书馆1961年版,第6页。

常重要的地位来进行关注，同时，中国气派和中国特色要体现法的民族性和本土化。俞荣根教授同时指出，“天理国法人情整合为治”就是中国的法治传统。20世纪以来，一直有学者用法治与人治二元对立的思维来分析中国的法治历程，俞荣根教授提出了一个著名的观点：天理、国法、人情形成的三角型链是一个动态的平衡，三者不断冲突又不断整合，使中国自汉朝以来的古代政治和法制，既不全部是孔子的“为国以礼”“为政以德”，也不完全是商鞅和韩非的“以法治国，垂法而治”，而是“天理国法人情整合为治”。[①] 西汉以降，以经释律，引经入律，儒法合流，逐步形成德礼为本，刑罚为用的君主主义工具型法治理论和实践模式，这一模式的内在精神，便是“天理国法人情整合为治”。

笔者认为，近代以来，虽然中国法治已经脱离名教色彩，当然也不再是君主主义工具型法治。但是，在走向法治现代化过程中，“天理国法人情整合为治”的民族法律文化精神，却从来没有停止过发挥作用，并且早已深入中国人的骨髓。

张晋藩先生指出：“在旧有合理基础上的伟大创新，把适合于中国传统国情的本土文化融入到现实的法制建设中来，找到中国与世界、历史与现实的契合点，这是一个十分艰巨的科学研究的任务。需要我们继续踏踏实实地探索，研究其生成的规律，实事求是地总结其历史价值。”[②]张晋藩先生认为，清末变法之后，近代中国的法律制度选择了西方化的一条路径，名教伦理被束之高阁，西方实证主义法学渐入人心，但是后来的法律制度与中国的社会事实出现了许多不适应，并且几乎在同时，在西方本土，也并不是说法律生活就尽善尽美。

---

① 俞荣根：《天理、国法、人情的冲突与整合——儒家之法的内在精神及现代法治的传统资源》，载《中华文化论坛》1998年第4期，第16页。

② 张晋藩：《解读中华法系的本土性》，载《政法论坛》2010年第5期，第10页。

海外学者余英时观察到："在现实世界中我们找不到任何一个具体的西方现代生活十全十美、足供借镜的(例子)。"[①]

笔者认为，中国的国情既不同于西方，然则法律制度如何能与西方完全相同？当然，按照张晋藩先生的观点，我们也不能传承已经僵化了的中国古代法律制度。因此，张晋藩先生认为"在我们睁眼看世界，借鉴吸收外来法律文化的同时，也需要回头看，检索中华民族宝库中的具有超越时空的法律文明要素"。[②] 季羡林先生说得好："西方形而上学的分析已快走到尽头，而东方的寻求整体的综合必将取而代之。"[③]这也许就是中国人经常所说的"三十年河东，三十年河西"吧。

梁治平教授对这个问题的思考主要集中在"三个不得不"上：一是必须不得不重新检讨百年来中国现代化理论与实践；二是不得不重新看待和评估各种民间知识形态；三是不得不重新检讨和调整我们对待历史传统和民间社会的立场和态度。所以，在法观念上，法理和情理的融合生长，也许才是解决问题的关键。梁治平教授强调，注重情理，是中国传统礼治秩序的特征；注重法理，是现代法治秩序的主要特征。两者必须绝对化或对立化吗？梁治平教授基于今天中国的历史处境和生存状态指出，"情法二分"不适合今天中国法律生活的历史处境和生存状态。礼治秩序中有法治秩序的生长点，法治秩序也可以从礼治秩序中获取养分，传统与现代之间可能存在一些我们从来没有注意到的结合点。[④] 以户婚田土钱债等法律事务为例，一

---

① 余英时：《中国思想传统的现代诠释》，江苏人民出版社 2003 年版，第 30 页。

② 张晋藩：《解读中华法系的本土性》，载《政法论坛》2010 年第 5 期，第 10 页。

③ 季羡林：《21 世纪：东方文化的时代》，载季羡林：《阅世心语》，陕西师范大学出版社 2007 年版，第 107 页。

④ 梁治平：《从"礼治"到"法治"？》，载《开放时代》1999 年第 1 期，第 368 页。

百年间,已经由过去政府眼中的细枝末节,变成了今天中国民众的基本生存现实。过去关于户婚田土钱债等法律事务主要靠民间调解解决,今天开始主要依靠诉讼解决。这就涉及一个问题,靠民间调解解决民间纠纷的调节机制在今天具有十分重要的借鉴意义。梁治平教授首先对费孝通先生在《乡土中国》中提出的礼治秩序进行了审视梳理,认为费孝通先生对乡土社会的礼治秩序的形成是这样的一种思维:如果是乡土社会,那么就约等于礼俗社会,这样则安土重迁,如此,社会秩序的维持则不是靠法律,而是靠习惯。这就是礼治秩序。就两者都是行为规范这一点来说,礼与法律没有什么本质区别,但是这种社会治理规范的维持需要传统,法的规范的维持需要国家的强制力。《秋菊打官司》《我不是潘金莲》的折射,都说明了传统社会与现代社会交叉存在的时代,对正义的诉求在程序上固然有一个时间历程,但是在法观念上,法理和情理的融合生长,也许才是解决问题的关键。

有学者的观点是:"悉以民族精神为准据为依归。以民族精神为准据为依归,也就是营造符合本国族对于人世生活的最高理想与最后追求的自家的人世规则与人间秩序,从而达成自己理想的惬意的人世生活。"[①]该学者认为,"揆情论事,视事言理,法制与法意是'中国问题'与'人生问题'的一部分一环节,为人生之设置与人心之镜像,其间的种种牵缠互动,循事实与规则的逻辑展开,并依此逻辑梳理"。[②]

按照这样一个"理想型"思路,可以从以下三个方面着手进行理想设计。一是对"中国问题"和"人生问题"有一个"知性"的认识,解

---

① 许章润:《法律:民族精神与现代性》,载《清华法治论衡》2002年第1期,第21页。

② 许章润:《法律:民族精神与现代性》,载《清华法治论衡》2002年第1期,第20页。

决一个“是什么”的问题,要认识到这两大问题,既是一种客观事实,也是一种价值存在;二是要“理性”地省视事实与规则的关系,求法制与法意、法意与人情之间的渐次协调,重在解决一个“如何”的问题;三是要以“德性”的思维,笔者认为就是要从一个悲悯的情怀出发,铺陈法意以至完善法制,安排中国的“人生问题”以达到“合理而惬意”之状态,从而求得事实、法制(规则)与法意三者的圆融不悖,规则之治和意义之治一体同仁,解决一个“应当”的问题。而这一切问题的解决,须悉以民族精神为准据为依归。

笔者认为,从几位教授的思维展开,法治的内容在于高度重视社会的安全和秩序,法治的形式在于必须有中国气派和中国特色,在法制现代化实现的路上,情理法观作为中国传统的法意识,作为中华民族本土资源,其现代转化是一个必然趋势,最终走向必然是情理法理融合生长。那么,未来中国法治实现的图景,就将是整合天理人情入法,即“揆情(理)入法”,建构“道德人文型”法治模式,实现“和谐”法理想。那也将是俞荣根教授设想的理想状态:现代西方法治理论和实践经验、社会主义原则同民族文化传统资源创造性转化的、相互融合的产物。其核心特征就是“凡非法律所允许者,行政机关和公务员均不得为之,凡非法律所禁止者,一切公民均得为之”。[①] 俞荣根教授称其为“体制型法治”,笔者认为还是采取张文显教授和张中秋教授的观点,建构“道德人文型”法治模式,实现以“良法善治”为表征的“和谐”法理想似乎更为恰当。

### (二)“道德人文型”法治模式与“和谐”法理想

张中秋教授认为近代以来中国法制最显著的变化是放弃了中华

---

① 俞荣根:《天理国法人情的冲突与整合——儒家之法的内在精神及现代法治的传统资源》,载《中华文化论坛》1998 年第 4 期,第 19 页。

法系宗法血缘性的名教伦理，转而对法的独立性与权威性进行追求，这当然是历史性的进步。但同时指出，接受实证主义法律观不应该放弃中国的道德人文法文化精神。道德人文是传统中国法的精神和文化本质所在。道德人文是以道德为核心的一种文化类型。①

中国法的人文性表现在“人为称首”上。这与西方的“以人为本”有异曲同工之妙。在中国传统观念中，人与万物共生，是万物之灵，所以人为贵。这个思想不仅是中国传统文化的精髓，也是中国传统法文化的精神特质。班固在《汉书·刑法志》开头说：“夫人宵天地之貌，怀五常之性，聪明精粹，有生之最灵者也。”②《唐律疏议》在开篇《名例》篇首的“疏议”中说：“夫三才肇位，万象斯分。禀气含灵，人为称首。莫不凭黎元而树司宰，因政教而施刑法。”③

中国法的道德性表现在它的“德礼为本”上。《唐律疏议》在开篇《名例》的“疏议”中也说到：“德礼为政教之本。”④道德原理是从中国人的有机宇宙观出发的。中华族群对世界的看法，首先是生，其次是生而有序。生而有序又分为等秩序和差秩序，但无论是等秩序还是差秩序，都是事物固有的，所谓本来如此，符合事物的存在法则，所以又都是合理的。合理作为传统中国人的正义观，体现在法律上就是平，或曰义，亦即公平正义。⑤

在人为称首的思想指导下的重生与讲礼的对立统一，乃是传统中国法的存在之“理”。⑥

---

① 张中秋：《传统中国法的精神及其哲学》，载《中国法学》2014年第2期，第192页。

② （东汉）班固撰，（唐）颜师古注：《前汉书》，中华书局1998年版，第917页。

③ （唐）长孙无忌等撰，岳纯之点校：《唐律疏议》，上海古籍出版社2013年版，第1页。

④ （唐）长孙无忌等撰，岳纯之点校：《唐律疏议》，上海古籍出版社2013年版，第3页。

⑤ 张中秋：《传统中国法的精神及其哲学》，载《中国法学》2014年第2期，第201页。

⑥ 张中秋：《传统中国法的精神及其哲学》，载《中国法学》2014年第2期，第201页。

道德人文精神的内核概念就是从重生与讲礼中演化出来的“万物有序”与“生生不息”的自然之“理”，而这个自然之“理”恰是中国人的世界观及其正当性所在，亦是中华文明历五千年风雨而绵延不绝的思想根源，甚至还有可能是我们复兴中华文化，包括创新中国法文化的思想资源和精神动力。①

笔者认为，“万物有序”与“生生不息”的“自然之理”正为中国本土法治资源之“情理”。重生，即所谓“生生不息”者，正是中国社会转型过程中，中国的人生问题，正是中国最大的“民情”之所欲；讲礼，即所谓“万物有序”者，正是中国人生问题的“合理安排方式”之所求；达成了此民情之所欲和理之所求，就是达成了中国法治的“合情合理”的理想状态，最终呈现的法治图景为“和谐”秩序，而这“和谐”之秩序表征就是良法与善治，这就是中国的法理想。

中国的“合情合理”与西方的“平等”道不同而理同。西方以平等为原则，中国以合理为原则。平等是机械宇宙论的正义观，合理是有机宇宙论的正义观。这使传统中国法既不完全同于西方，又不违背人类法律的内在使命和基本价值。

和谐是中国法的理想和终极目标。和而不同是中国人的法思维，这种有差别的和谐就是公平正义。因为它合理，所以亦是理想的。

张文显教授认为，从人类社会的公共治理模式的角度来看，中国共经历两次革命，从人治到法治当然是第一次，西法东渐，这也是我们理论上争论的焦点。但是张文显教授指出当代的中国，正在经历着第二次革命，那就是从工具主义的以法而治和依法而治，向以良法善治为表征的和谐法治迈进，正在“以法律的‘人性化’、‘人文化’、

① 张中秋：《传统中国法的精神及其哲学》，载《中国法学》2014年第2期，第203页。

‘人权化’，而消解了‘法律暴政’，实现形式主义与实质正义的统一”。[①]

张文显教授提出，“和谐”就是当代中国法治的理想和终极目标。在当代中国，“和谐就是法律价值体系的‘元价值’，是法律制度和法律事件的‘精神元素’”。[②] 从这个意义上来说，张文显教授已经把和谐上升为法的终极价值和法的绝对精神的高度。认为和谐是至高至善的原则，是法的人类精神。张文显教授从美学本源、哲学基础和社会理念三个层面思考了和谐的内蕴，尤其是在社会理念层面认为和谐是高级的、文明的社会生活方式和生存方式，并且非常有利于把握和支持结构性社会平衡，从而达到安排中国人的人生秩序的目标。并援引美国法学家富勒的观点：“我们所关心的不仅仅是个人是否自由或安全抑或是否感到自由或安全的问题，而是作为一个整体的社会中的各种（通常默默展开的）过程之间如何达致和谐与平衡的问题”。[③]

侯欣一教授认为，社会的和谐是指“构成社会的所有主体在法律框架下为了共同利益和各自利益所构建的一种平等、互助、互惠的稳定关系以及在关系变动时的相安无事”。[④] 强调这种社会的“和谐”是“主体之间在权利面前的‘不同而和’”。[⑤] 其核心是公平与正义，是对权利的承认。

和谐理想催生良法善治，故良法善治是和谐法治的表征，也就是

---

① 张文显：《和谐精神的导入与中国法治的转型——从以法而治到良法善治》，载《吉林大学社会科学学报》2010 年第 3 期，第 5 页。

② 张文显：《和谐精神的导入与中国法治的转型——从以法而治到良法善治》，载《吉林大学社会科学学报》2010 年第 3 期，第 6 页。

③ [美]富勒：《法律的道德性》，郑戈译，商务印书馆 2005 年版，第 35-36 页。

④ 侯欣一：《法治与和谐社会的构建》，载《光明日报》2006 年 4 月 4 日，第 12 版。

⑤ 侯欣一：《法治与和谐社会的构建》，载《光明日报》2006 年 4 月 4 日，第 12 版。

要让法律止于至善、让社会臻于至善。为此,张文显教授提出,法律要做到“三个善待”:善待个人、善待社会、善待自然。善待个人就是要充分地保障个人的权利和人权,尤其需要善待弱势群体。冯书泉教授认为,当代中国的弱势群体主要包括下岗失业人员、“体制外的人”、进城的农民工、较早退休的“体制内人员”、收入较低的贫困农民,失地农民等。[①] 善待社会,就是要坚持平等关怀与尊重原则、增量改革原则、公平的机会均等原则、统筹兼顾原则、政府中立原则,公正合理地调整利益关系,实现社会公正,“使富者足以示贵而不至于骄,贫者足以养生而不至于忧。以此为度而调均之,是以财不匮而上下相安,故易治也”[②]。善待自然,就是要确立天人合一的世界观,并且把伦理观从人与人的关系扩大到人与自然的关系上,同时建立健全人与自然和谐相处的法律机制。

笔者认为,以良法善治为表征的和谐法理想设计,正是基于现代社会建设中传统与现代法律观念并存、人的生存与发展的权利如何维护、人生秩序如何安排的种种社会现实这一最重要的“民情”展开,“三个善待”尤其是善待弱势群体,正是站在法的价值高度上来思考中国的现实问题,思考中国的人生问题,充分考虑到了中国的“公意情感”。诸多的法律纠纷,从许霆案到辱母杀人案,无不折射着当代中国的现实法律生活。善待社会、善待自然,正是从“合理”的角度来解决中国问题,安排中国人的人生秩序,是实现法治自信的充分体现。这是传统中国法文化在当代法学学者思想中的光辉。

① 冯书泉:《构建和谐社会必须关注弱势群体》,载《人民论坛》2005 年第 2 期,第 41 页。

② 张世亮、钟肇鹏、周桂钿译注:《春秋繁露》,中华书局 2012 年版,第 284 页。

## 二、揆情（理）入法、情（理）法交融——情理法的生长路径

### （一）“良法须合情”——规则须合中国现实“情境”的思考

法治本身不仅是规则之治，而且必须是良法之治，“良”不应该仅停留在道德层面的善良，而且是价值、功能层面的优良。关于何为良法，众说纷纭。形式理性来看，程序合法就是良法。奥斯丁、哈特、边沁等“恶法亦法”的观点在逻辑上似乎有道理，但在实质理性角度是站不住脚的。从实质理性看来，只有符合民意，维护人民的尊严，体现公平正义的价值诉求的法律才是良法。“国无法而不立，民无法则不安。”[①]公元1069年，王安石在宋神宗的支持下主持“熙宁变法”。当时，他在《周公》一文中借评价周公说：“立善法于天下，则天下治；立善法于一国，则一国治。”商君曰：“法令者，民之命也，为治之本也。”[②]又曰：“法不察民情而立之，则不成。不察世俗，不观国本，则其法立而民乱，事俱而功寡。”[③]而王利明教授给良法所下的定义是：“所谓良法，是指符合法律的内容、形式和价值的内在性质、特点和规律性的法律。”[④]当然王利明教授还强调，良法要形神兼备，从“神”的角度制定良法的同时，要从“形”的角度强调规则、逻辑的完整性和一致性。张文显教授指出：“党的十八大以来，我国法治建设最重要的跨越和突破点之一就是“从‘法律之治’到‘良法善治’的理论和实践超越了工具主义法治和形式主义法治的局限，是现代法治理论的重

---

① 张晋藩：《重塑中华法系的几点思考——三论中华法系》，载《南京大学法律评论》1999年春季号，第70页。

② （战国）商鞅著，石磊译注：《商君书》，中华书局2011年版，第178页。

③ （战国）商鞅著，石磊译注：《商君书》，中华书局2011年版，第79页。

④ 王利明：《法治：良法与善治》，载《中国人民大学学报》2015年第2期，第115页。

大创新,也是我国法治建设的质的飞跃。”①

笔者认为当代法学界对这个问题有三点思考。

第一点思考,良法须合“人之常情”或者说“人之本性”。

姚建宗教授从法哲学角度对“法的内在机理”进行了深入解析,为我们呈现出一个人类社会内在的、根本的、基础层面的、本质内涵意义上的“法的存在机理”和“法的发展机理”,认为法的机理就是人类的“理性选择”与“人性人格的不断完善”的过程。

笔者认为,“人性人格”这就是最基本的“人之常情”。姚建宗教授指出,如果仅从纯粹的现象表面来看,法是人异化的产物,因为法是以规范权利和义务为主要内容从而最终规范人的行为的人造物,它为人的行为设定框框,表面看还束缚着人的自由,但是从深层次方面挖掘就会发现,法与人的本质是直接同一的。这是因为,人和其他动物的活动指向虽然都是生存和生存的延续,但最大的不同就是,人在保证自身生存和生存的延续基础上,还在不断地探求生存的意义,进而改造自身及其客观环境。所以人的所有行为,最初的出发点当然是生存,但是最终的意义不仅是生存,还有发展和完善。换句话说,人的本质就是人的生存、发展和完善。而法所有存在的全部意义和终极目的也是如此。

人的本质需求(生存)这种社会事实就是法(规范)产生的起点。因为人类对自身生命的肯定是确定无疑的,生存是人的根本利益。人对自身一切行为活动的考量,包括设计、选择、实行,首先以生存为出发点,然后又囊括以生存为核心的全部利益,将其作为自身的出发点、标准和根本目的。但是人是自利的,人的能力是有差别的。人是

① 张文显:《法治中国建设的历史性跨越和突破》,载《领导科学》2017年第23期,第20页。

有理性的,但理性能力是有限和无限的辩证统一,人的本性是要追求外在自由,但是整个人类社会的资源是有限的。

这样我们就可以描述出来姚建宗教授的论证人类"理性选择"的过程:

第一,人的追求意志自由和行为自由的本性促使人去追求自身的生存和利益。第二,人在追求自身的生存和利益的时候不会考虑别人同样的利益追求的正当性和合理性。第三,由于资源的有限性导致同样正当合理的追求产生了对立和冲突。第四,这种对立和冲突在人类社会的初期,完全靠实力优势来解决,这种实力就是自身的体力或智力。最基本的社会行为规则产生——人的内在本质的显现。第五,但是人们逐渐认识到,长远看来,这种私力解决对整个人类的生存发展和完善,不仅没有好处,反而极为有害。第六,人们经过不断的反思与检讨之后,明白了一个道理,自身的合理行为与别人的合理行为是会产生冲突的,为了最大限度地满足所有人的利益,人们就必须容忍别人的行为,同时对自身的行为加以必要的约束和限制,当这种容忍和自我约束的基本社会规则形成的时候,人的内在本质就显现出来。法的最后诞生——最基本的社会行为规则的不稳定性到人类新的内在需求产生。第七,在人类社会初期,最基本的社会行为准则以人类的自觉认同和自愿遵守为前提,但是由于这种最基本的社会行为规则本身规范性不足、客观性和统一性不强、效力较弱,因此导致人们在事实上不一定始终对其加以认真地实际认同和遵守。第八,对规则的破坏导致了社会的灾难。有理性的人认为,这样人在本质上就产生一种新的内在需求,那就是把社会行为规则固定化,并靠一种中立的组织来宣布,保证这些规则的有效遵守。第九,姚建宗教授总结出来,"这种因消除了原初状态的社会行为规则的弊端而上升为新型的社会行为冲突与纠纷之解决方式的社会制度或社会规则,便是法”。[①]

虽然法在产生的过程中,由个别行为准则上升到一般社会准则,再发展为法,抽象性和普遍性越来越强,但是内容上却无外乎两个方面,那就是“权利”与“义务”。姚建宗教授认为,权利是法内在的内容,义务是法外在的术语表达。但从事物本身的逻辑性来看,“权利”和“义务”都具有存在的先在性:“义务”具有事实的先在性,而“权利”具有逻辑的先在性。当然,若从人的存在以及作为存在的人对人的存在的本质要求来看,“权利”也同时具有事实的先在性。[②] 所以,“权利本位”和“义务本位”这两个法哲学命题都是非常重要的。

姚建宗教授的推论为我们展现了一个图景,那就是人类经过对自身生存发展和完善的终极追求,为自身选择了一种崭新的生活方式。法的现实存在和人的现实有限理性实现了同一。但随着人类的自身生存发展和完善的境况不断变化,人类的理性选择不一定总是保持清醒的自我意识。所以,为了人的生存、发展与完善,作为人的自由行为之校正器的社会行为规则的法便现实地以外在于人的本身的方式而合理地存在着。[③] 而且由于现实中的法的宣告与法的维护并不是由全体社会成员决定的,它代表着一定阶级或一定阶层的部分社会成员,这些阶级或社会成员为了自身的根本利益以及可能存在的偏见,会使作为终极存在的法与现实的法必然存在差别。正如亚里士多德《政治学》第一卷第二章所言的那样,人类由于志趋善良而有所成就,成为最优良的动物,如果不讲礼法,违背正义,他就堕落为最恶劣的动物。这就是法的局限性。所以现实中的法不可能是万能的,法的局限性也永远不会彻底被克服,人类永远生活在现实的此

① 姚建宗:《法的哲学理解》,载《长白论丛》1997 年第 1 期,第 88 页。

② 姚建宗:《法的哲学理解》,载《长白论丛》1997 年第 1 期,第 88 页。

③ 姚建宗:《法的哲学理解》,载《长白论丛》1997 年第 1 期,第 89 页。

岸世界,又梦想着理想的彼岸世界,这样以现实的人类的生存发展和完善的根本利益为基本坐标,并对人类社会群体自身的生活环境进行不断改造,就推动着法不断发展和进步,这就是法存在的“内在机理”。

第二点思考,良法不能脱离“民情”,即民众所处之客观“情境”。

张晋藩先生认为:“从法制发展的历史看,法合人情则兴,法逆人情则竭。情入于法,使法与伦理结合,易于为人所接受;法顺人情,冲淡了法的僵硬与冷酷的外貌,更易于推行。”[①]规则体系的制度安排方面重点体现情理元素的植入是题中应有之义。“法有高下,情有轻重”,应当考虑具体“情境”。《宋史 · 刑法志一》有载:“仁宗天圣四年,遂下诏曰:‘朕念生齿之蕃,抵冒者众。法有高下,情有轻重,而有司巧避微文,一切致之重辟,岂称朕好生之志哉?其令天下死罪,情理可矜及刑名疑虑者,具案以闻。有司毋得举驳。’”[②]这说明,即使是在礼法合治的宋代,也有“情有轻重”的思想萌芽。

明清以来,传统法律逐渐从伦理规则向生活规则转化。侯欣一教授认为,“法律不过是对人们每日生活和交往规律的一种记载,因而,它必须与百姓的日常生活大致相吻合”。[③] 侯欣一教授在仔细观察中国传统法律的走向时发现,国家制定法存在不断向生活规则妥协和变通的趋势。在考证了明清关于“禁止亲属间结婚”“禁止为父祖服丧期间生育过继”“遗失物的归属”“寡妇再嫁”等方面的法律规定之后,认为伦理规则与生活规则的博弈最后还是生活规则占了优势。比如明律虽然规定寡妇再嫁要杖责一百,但再嫁在现实中却极为普遍,因为那时的女性在社会中没有立身的机会,没有工作技能,

① 参见张晋藩:《中国法律的传统与近代转型》,法律出版社 2009 年版,第 25、115 页。

② (元)脱脱等撰:《宋史》,中华书局 1999 年版,第 3324-3325 页。

③ 侯欣一:《从伦理规则到生活法则——中国传统法律制度是另类解读》,载《法律科学(西北政法学院学报)》2006 年第 6 期,第 5 页。

如果家里贫穷或无子作为依靠,或者夫家或家族的人为了侵吞财产而逼迫等,则再嫁就成为一种必然。

赵晓耕教授认为,那种坚持“法律规定愈具体细密,甚或连道德要求都写入法律,对于私权的维护就会愈完善”的观点是站不住脚的,提出了“私法的逻辑绝不是规定愈多愈好,而是适可而止”①的观点。赵晓耕教授考证了关于拾得遗失物的法律规定方面,明清的法律与唐律相比发生了变化——从唐律规定拾得人有义务上交、否则要受到处罚;向明清法律规定依法报官后,遗失物被人认领的,要给拾得人一半作为奖励、无人认领的全部归拾得人所有转变。这种从道德象征意义转向实用简便的立法思想,反映了社会管理观念的变化,认为这更加切合实际。笔者认为赵晓耕教授在这里强调的切合之“实际”,就是基于“人性人格”的“理性选择”,这是现实的“民情”。

最高人民法院 2010 年出台的《关于贯彻宽严相济刑事政策的若干意见》规定,对危害国家安全犯罪和严重暴力犯罪等要依法从重处罚,而对于未成年人犯罪、老年人犯罪以及因恋爱、婚姻、家庭、邻里纠纷等民间矛盾激化引发的犯罪,应酌情从宽处罚。2011 年《刑法修正案(八)》中也规定“在刑法第四十九条中增加一款作为第二款:‘审判的时候已满七十五周岁的人,不适用死刑,但以特别残忍手段致人死亡的除外。’”这些具体的法律法规充分体现了“法顺人情”的精神特质。

重庆“扔烟灰缸”案就是一个典型的邻里纠纷民间矛盾激化引发的案件。据中国民商法律网 2010 年 10 月 6 日的报道,重庆市民郝某被路边居民楼上落下的一个烟灰缸击中头部,由于不能确定扔烟灰缸的人,重庆市渝中区人民法院认定,除了事发当夜没有人居住的

① 赵晓耕:《立法是教人向善的艺术》,载《人民日报》2016 年 1 月 7 日,第 7 版。

两户之外,其他 20 户居民分担这一责任。

在本案中,法院的判决绝对谈不上完全公正,但是也确实找不出更好的解决此类问题的方法。合议庭考虑了情理因素,认为判决有可能扔烟灰缸的 20 户居民作为责任主体能最大限度地实现公平和保障当事人利益。事实情况也是如此,只有这样的判决才是最合情理的。我国《民法典》第 1254 条就体现了这一原则。

第三点思考,良法不能背离“公众情感”。

笔者认为,1882 年美国人里格斯诉帕尔默案可以用来涤虑良法之善意,即任何人“不能从其自身的过错中受益”。帕尔默的祖父在生前遗嘱中指定帕尔默为遗产继承人,但帕尔默担心祖父再婚后变化心思,帕尔默毒死了祖父。在帕尔默因杀人罪被法庭判处监禁的同时,他是否继续享有继承其祖父遗产的权利,成了一个让人头疼的问题。帕尔默的两个姑姑主张,他杀死了被继承人,就不应当继续享有继承遗产的权利。但当时纽约州的法律并未有明确规定。帕尔默的律师和审理该案的法官之一格雷僵化和固执地认为法律的含义是由法律文本自身所使用的文字来界定的,既然遗嘱有法律效力,那么他就应当享有权利。而审理该案的另一法官厄尔却认为,法规的真实含义不仅取决于法规文本,也取决于文本之外的立法者意图。他最后援引了一条古老的法律原则——“任何人不能从其自身的过错中受益”。最后,纽约州最高法院判决剥夺帕尔默的继承权。

唐代规定的“亲属为人杀私和罪”所体现的法意是,任何人不仅“不能从其自身的过错中受益”,而且不能从“亲属受伤害中受益”,否则要按犯罪来处罚。具体规定如下:

> 诸祖父母、父母及夫为人所杀,私和者,流二千里;期亲,徒二年半;大功以下,递减一等。受财重者,各准盗论。

虽不私和，知杀期以上亲，经三十日不告者，各减二等。

【疏】议曰：祖父母、父母及夫为人所杀，在法不可同天。其有忘大痛之心，舍枕戈之义，或有窥求财利，便即私和者，流二千里。若杀期亲，私和者徒二年半。①

在疏议的具体规定中我们还能注意到一点，那就是即使没有从亲属受害中受益，如果不及时告诉，也要受到处罚。不过"各减前私和之罪二等"。

据《河南商报》报道，某村村民老班因其子违背天理人伦，将自己的母亲和妹妹奸污。老班一怒之下用绳子将他勒死。事发后，全村人举额相庆，集体请愿从轻发落。最终，法院听取民意，判处老班有期徒刑三年。② 笔者在这里所探讨的不是这个个案，而是由此应该推理出一个具有普遍性效力的规范来，比如可以参照唐律子孙于祖父母、父母，情有不顺而辄詈就绞、殴者就斩的规定，在刑法中规定，奸污尊亲属母亲的这种行为直接按强奸罪从重情节论处，判处死刑。如果如此，揆情入法并严格执行，似乎也就可能不会出现也不必出现老班后来的犯罪行为，也就不需要法院考虑是否背离"公众情感"了。因为民意已在法中。

这就是"揆情（理）入法"之揆情。

（二）可普遍化证成原则与经验法则的规制

"揆情（理）入法"，以使情（理）法交融，也就是实现事实、规则与法意的圆融，实现"和谐"法理想。就是要探寻一条既是中国的也是

① （唐）长孙无忌等撰，岳纯之点校：《唐律疏议》，上海古籍出版社 2013 年版，第 282 页。

② 张毅力、邹志远：《老人一怒勒死儿子数百村民为他请命》，载《河南商报》2010 年 1 月 26 日，第 17 版。

现代的，既符合中国文明基本倾向也符合中国现代实用需要的立法进路。[①] 笔者认为，无论在中国的过去和现在，甚至在未来，道德与法律的关系，是一个亘古不变的话题。只是在传统中国法律中，由于法律儒家化的惯性，更由于在儒家化的法律中的道德，主要是农耕社会基础上政治法律预设之“原理”。当代中国的社会现实“情境”已经发生巨大变化。因此，过去的四十年，由于法律制度的完善的需要，实证主义法律观所隐含的形式理性确实存在巨大的发展空间。综合上述内容，在新时代的背景下，完全坚持实证主义的作用已无必要，更没有必要去探讨欧洲的历史法学、法律社会学、法律程序主义和美国的法律实用主义、法律现实主义等流派在中国是否适用的问题。当然，复古儒家化的伦理道德，显然也是不合时宜的。但是道德价值的作用，在中国现代化法治中不仅要坚持，而且一定要实现，其立法进路需要进行深入思考。

“揆情(理)入法”，就是要延续中国长期以来的道德化法特征，黄宗智教授将其称为“合理的”实体主义—道德化法律。黄宗智教授梳理了当代中国的调节制度、关于赡养父母亲的反法律规则、家庭主义法律价值观在财产分配方面的影响以及对婚姻和离婚的道德化理解，在此基础上提出了这样一个观点：“纯粹的形式理性既是抽象化的，也是理想化的；实践理性则可以是没有理想化的抽象化，可以用来指导行为。”[②]黄宗智教授认为，这种借鉴了康德的实践理性的思维，可以“把理论理性和行为/实践连接打通”，成为“关乎指导行为的道德准则的理性”。[③] 笔者认为，这种借鉴了康德的实践理性的思

① 黄宗智：《道德与法律：中国的过去和现在》，载《开放时代》2015 年第 1 期，第 75 页。

② 黄宗智：《道德与法律：中国的过去和现在》，载《开放时代》2015 年第 1 期，第 87 页。

③ 黄宗智：《道德与法律：中国的过去和现在》，载《开放时代》2015 年第 1 期，第 87 页。

维方法，从法哲学的角度还有更广泛的探讨空间。但是黄宗智教授据此提出的对道德准则考察所提出的一个标准和一个现代条件，却值得学界深入思考。“一个标准：此准则达到‘己所不欲，勿施于人’的‘黄金规则’的标准了吗？”。“一个现代条件：‘能够适用于所有的公民吗’？”。

目前在我国法律中，可视为情理在现代法律中存在的民事、商事、刑事、行政案件的情况可参考表5-1：

**表5-1 各类案件中可能涉及“情理”的情况**

| 案件类型 | 涉及“情理”的情况 |
| --- | --- |
| 民事案件中的“情理” | 诚实信用原则；<br>公序良俗原则 |
| 商事案件中的“情理” | 显失公平性案件；<br>欺诈性案件 |
| 刑事案件中的“情理” | 不可期待行为；<br>轻微刑事案件；<br>当事人之间具有亲属关系的案件；<br>被害人有过错的案件 |
| 行政案件中的“情理” | 行政行为的合理性 |

以民事案件中对公序良俗原则的探讨为例，“情理”中包含对一般性社会规范的权衡。一般性社会规范既包括国家法律也包括民间风俗习惯。目前许多民间冲突正是起因于国家法律与民间风俗习惯的冲突。2009年，赵晓耕教授在中国法律史学会成立30周年纪念大会的讲话中肯定了“在法律方法论方面，有学者指出的古代审判官在实践中会运用推类方法将民间习惯规范引入司法审判”[①]这一做法，

① 赵晓耕：《关注传统法律的精神意蕴》，载《人民日报》2009年8月7日，第7版。

认为这种做法"填补了传统法律的漏洞,有助于使案件裁决的过程正当化,提高了判决的说服力,在一定程度上实现了裁判法律效果与社会效果的结合"。①

最高人民法院从2007年起开始以"民俗习惯在审判中的运用"为题在全国开展重点调研,2011年《人民调解法》的施行使人民调解有章可循,调解中情理的运用也规范了许多。

在一起老人诉七子女的赡养纠纷案件中,老人提出自己的百年后事由被告中的两个儿子田安柱、田稳柱负责操办。原告的七个子女中田安柱、田稳柱是儿子,其他均为女儿。法院认为,原告提出自己百年后由两个儿子操办后事,"符合我国农村的风俗习惯",然而这种"风俗习惯"是否已经"入法"了呢?认为法条本身并没有规定老人后事如何操办这个观点并不是十分准确,《老年人权益保障法》第14条中规定赡养人应当"照顾老年人的特殊需要",应当是体现这种风俗习惯的"规则"。笔者认为,在"老年人的特殊需要"之条目下,诸如此类风俗习惯的内容,如采取列举式或举例式规定仿佛效果更加明显。这样就不必司法官员"善体法意"了,可直接引用法律规定而不是风俗习惯作为裁判依据。当然列举也许不够全面,那么重点列举,然后加"等",在技术上基本就能够解决了。

这就是"揆情(理)入法"。为什么一定要"揆情(理)入法",因为仅靠来自司法工作人员的内心的"良知"在很多时候并不能真正实现"正义"。

刑事案件中轻微刑事案件的认定涉及情理元素,这时良知所起的作用更加明显。综合有关理论与实践,判断犯罪情节的轻重,笔者认为,应从以下几个方面把握:一是犯罪的时间和地点;二是犯罪的

① 赵晓耕:《关注传统法律的精神意蕴》,载《人民日报》2009年8月7日,第7版。

手段和方法;三是犯罪的动机;四是犯罪的结果和后果;五是犯罪对象的具体情况;六是行为人主观方面的情况;七是犯罪后的态度;八是在共同犯罪中所处的地位与所起的作用。一般说来,盗窃数额刚刚达到刑法标准的;故意伤害刚刚达到刑法规定的轻伤标准,但是并不太严重,并且能积极补偿被害人医疗及其他精神补偿,态度较好的等就属于这类情形。

陈林林教授认为,在情理裁判的展开过程中,可普遍化证成是一条构成性的司法原则。可普遍化证成为中国古典司法的现代解读提供了一个新的视角。基于可普遍化证成原则,情理考量能够以恰当的方式进入现代法律论辩的场域内。① 因为,即便"律有定例,情伪无穷",情理也要求司法官员在作出裁决时,必须证明裁决的理由中存在比个案裁判的结果更为概括的原则。换言之,案件裁判的理由必须能够普遍地适用于其他类似的案件,或者和司法官员同处类似情况下的人们也会得出同样的结论。②

可普遍化原则意指法律或道德判断的作出必须基于理由,该理由必为一般性陈述(规则),而非任何单称陈述。③ 该原则要求推导必须符合逻辑有效性外,还旨在保证每一结论(最终结论及推导过程中的判断)均立基于可普遍化的理由,即具有可普遍化规定性的规范。④

---

① 陈林林、王云清:《论情理裁判的可普遍化证成》,载《现代法学》2014 年第 1 期,第 22 页。

② 陈林林、王云清:《论情理裁判的可普遍化证成》,载《现代法学》2014 年第 1 期,第 24 页。

③ 陈林林、王云清:《论情理裁判的可普遍化证成》,载《现代法学》2014 年第 1 期,第 26 页。

④ 陈林林、王云清:《论情理裁判的可普遍化证成》,载《现代法学》2014 年第 1 期,第 27 页。

情理裁判中隐现着当代法律理论的一个主题:如果法律推理表现为运作法律理由,那么情理这样的“道德理由”在其中是否有一席之地?

现代法律制度中有不少概念、原则,如果不参照相关社会共同体的行为规范和价值共识,是无法理解甚至无法形成的。在法律解释中,“情理论辩”可以作为一种独立的、正当的论辩。

陈林林教授认为,在“泸州二奶遗赠案”中,法官所援引的民法公序良俗原则并不是一个严谨的法律概念,如果不借助对社会普遍道德规范的情境式理解,根本无法推导出本案的裁判理由。法官作出裁判时虽然不能突破法律的界限,但可以根据自己的良心和社会生活经验,谨慎地选择所要适用的法律并行使自由裁量权,使裁判结果合情合理,从而取得良好的法律效果和社会效果。如果认为“二奶遗赠协议”违反了民法上的公序良俗原则,那么这个公序良俗的原则,就是可普遍化规则的形式载体中的民法原则。

《最高人民法院关于民事诉讼证据的若干规定》第 85 条在民事诉讼中确立了运用经验法则进行审查核实证据的依据,采用了生活化词汇“日常生活经验”。可见,民事诉讼运用经验法则相关规定仅存在于立法层次相对较低的司法解释之中,指称经验法则的语词内涵比较模糊,除了有关于事实推定的比较简单的反证规定外,法官对经验法则的搜集、选择、释明、质疑和采信规则并不甚明晰,应当通过立法对经验法则的搜集、选择、释明、质疑和采信过程予以规制。

经验法则的搜集与选择。既要考虑当事人提交的证据有无证明力及证明力大小,还应综合考虑案件背后所蕴藏的日常生活经验,选择相关的经验法则来填补证据上的不足。江苏省姜堰市将善良风俗引入民事审判中,规定的枸杞当“界碑”非常经典。2007 年江苏省姜堰市人民法院出台的《关于将善良风俗引入民事审判工作的指导意见(试行)》第1条规定,枸杞可以当农户间土地的“界碑”。枸杞是一种枝条上长刺、根深、体积小且生命力较强的植物,将其作为界碑既方便又不占地,而且普遍认同,故可在审理农村承包田纠纷时作为农户间土地的分界线,以确定双方的界址。

经验法则的释明与质疑。经验法则选定之后,由于作为大众认知的经验法则与个体认知的经验法则之间的差异,法官应将选定的经验法则向当事人释明,并且在某一经验法则的适用将导致对一方当事人产生直接不利后果时,法院应给予当事人适当的预测及充分辩论的机会。姜堰市人民法院出台的《关于将善良风俗引入民事审判工作的指导意见(试行)》第5条“迁移祖坟以及房屋乔迁应放在大寒日之后”的规定,就体现了这一点。迁坟和房屋搬迁对一个家庭来说是一件大事,要选好良辰吉日,江苏民间通常定于大寒后,大寒至立春期间均为吉祥之日,无论那一天均可动土搬迁。在审理涉及拆迁等纠纷案件时,应充分考虑大寒这一特定时节,尽量考虑适用这一习俗以促进当事人之间的和谐,使裁判得以自觉履行。

经验法则的采信。法官应当对双方当事人所提供的有关证据资料和信息进行权衡,以决定是否能够适用该类经验法则,并尽可能保证满足以下三个条件:采用的经验法则是真正具有高度盖然性的经验法则;是无相反证据推翻的经验法则;经验法则的运用具备必要的正当性(应当从公平理念和正义要求出发,保护善意一方当事人的合法权益,符合现行的社会政策和价值取向)。对于民事诉讼中的要件事实的证明,不可以适用低于50%盖然性的经验法则。2007年江苏省姜堰市人民法院出台的《关于将善良风俗引入民事审判工作的指导意见(试行)》第5条规定房屋买卖较为慎重,通常由中人出面,并由专人书写房契,双方及中人、书写人均要签名,但其他家庭亲属成员是无须签名的,充分体现了一家之主说了算的风俗。因此,在认定此类合同效力时应予考虑,不能以其他共有人未签名而认定无权处分。既然由此规定,则一家之主签了字,那就应当予以采信。

经验法则类型化。以案例指导制度发挥经验法则的总结和规范作用。2010 年 11 月 15 日,最高人民法院审判委员会通过了《关于案例指导工作的规定》,标志着我国案例指导制度进入了初步建立完善发展的阶段。按照这一规定,最高人民法院入选、公布的指导性案例,都应当具有典型性、权威性和指导审判工作的意义,以统一司法理念、统一法律适用、统一裁判尺度。目前案例指导制度的重心在于解释法律、统一法律适用。在司法实践中,事实认定是法律适用的前提,而且在司法实践中存在不少问题需要解决,也有许多经验需要总结。因此,案例指导制度应在总结事实认定方法经验方面加大力度,对作为认定事实的重要依据——经验法则予以足够的关注,以案例去确认、积累、传承和限制经验法则,使经验法则类型化(值得指出的是,对经验法则进行类型化有助于让法官更好地掌握不同案件情况下经验法则的类型和特点,提高运用经验法则证明案件事实的意识和能力,明确同类案件中经验法则的表现形态、运用及其规制,避免出现“同案不同判”的现象)和规范化,以指导性案例的形式统一在《最高人民法院公报》、最高人民法院网站、《人民法院报》上公告发布,以供各级法院、律师和当事人查询。

# 结　论

21 世纪大国纷争,实力较量的本质在于文化的力量。

法律文化解释的意义在于,使法律在实现公平与正义的使命时,如何不断地焕发出非凡的精神和力量。在法律文化解释的思维中,情理法观念,是中华族群的伦理理性(实质理性)。伦理理性作为统合社会结构和社会变迁的力量,是建基于某些价值信条之上,以某种特定的终极立场或方向为依归的。在当代中国,情理法观就是中华族群的伦理理性。情理法观的终极立场和方向,就是从中国传统的法道德原理出发,用符合中华族群民族特色的法思维来思考中国的现实问题和中国的人生问题,安排好中国的人生秩序,建构“道德人文型法治”模式,顺利实现以“良法善治”为表征的“和谐”法理想,坚定中国的现代法治自信和文化自信。

情理法观念,根源于自给自足的小农经济,发轫于中国古代断狱的司法要求,为我们呈现出了中国传统社会法律情理化的文化样态,并已深深地烙印在我们每一个中国人头脑之中,深入到我们的骨髓深处。在当代中国,传统与现代的法律观念并存、生存与发展的权利的维护、人生秩序的安排,必须坚持以具有中华族群民族特色的情理法律文化精神进行思考。

范忠信教授在《法律史研究的“文化解释”使命——兼论传统法律史研究的局限性》一文中,以梁治平教授《法律的文化解释》为基点，强调“法律的文化解释”就是法律史研究的使命。范忠信教授认为，从1905年梁启超撰写《中国法理学发达史论》开始，一百年间法律史研究分成了三种路径：事实描述型、功能价值评说型和文化分析型。梁治平教授按照伽达默尔的哲学解释学思维路径，提出文化解释是一种“强调占统治地位的观念、心态和思想模式”的历史解释。范忠信教授结合克鲁克洪的定义和本尼迪克特的解说，认为法律史研究主要的任务有这样三个方面：一是要研究一个民族的共享的心理态度和行为反应，要总结其规律和特征；二是要研究一个民族的法律最密切关联的生活或行为的样式或模式；三是要研究法律文化的核心即传统法律思想以及体现在其中的民族法律核心价值理念，或者说要破译一个叫作“法律文化模式的大系统”的密码。

笔者由此认为，因为情理法观这一文化基因正是中华族群共享的心理态度和行为反应，正是中华族群最密切关联的法律生活或法行为的样式或模式，正是中华族群“法律文化模式的大系统”的核心密码。

笔者大胆借用范忠信教授对一百年来的法律史研究的事实描述型、功能评价型、文化分析型三种研究路径的研究方法，对当代中国法学界关于情理法观思考的研究成果，进行粗浅的、大胆的梳理。还需要强调的一点是，笔者认为，对情理法内在蕴涵的事实描述和当代功能价值的评说，恰恰是对情理法文化分析的前提和基础，三者难说孰轻孰重，异曲同工只是路径不同。细思之后，最终得出这样几点粗浅的结论：

### （一）情理考量是中国法治的特色

“国无法而不立，民无法则不安。”[①]按张晋藩先生的观点，法之

① 张晋藩：《重塑中华法系的几点思考——三论中华法系》，载《南京大学法律评论》1999年春季号，第70页。

于中国,本源的理念产生要早于西方。中国早在三千年前就形成了“以法治国”的概念,并一直传承至今。只不过由于法思维方式不同,法律生活和行为模式自然不同,中国人的法思维方式以伦理认知理性为基础,因此,中国的法治图景呈现法律儒家化特点,情理法文化基因在中国人的法律活动和行为模式中留下了深深的烙印。

随着法律儒家化的历史演绎,中国历朝历代法律活动过程中“缘法而治”的理念和实践无不展现着“上稽天理,下揆人情”的情理考量特点,中国传统的情理法观,是中华族群的伦理理性,是中华族群“法的内在理据”的基础。

(二)情理的价值在于它是当代中国法治现代化的灵魂

按照汪习根教授的观点,法律史不仅是规范与制度史,更是文化与价值变迁史。挖掘支撑法律规范和法律行为变迁背后所折射的日益上升与进步的法律价值,是法律史学研究的重要任务。

中国人的法律生活务求合情合理。

天理是天道之“理”,是永恒的自然法则,是中国人法律信仰的源泉。天理之于中国传统法文化而言,是一个源本性的范畴。伦理是人伦之“理”。当然,天理即人伦,天理即伦理。人伦之理又分为“原理”、“定理”、“公理”和“道理”。传统社会的伦理纲常就是那个时代的原理,也即当时的政治法律预设,现时代的政治法律预设之“原理”也是当然之“法理”;“定理”是本国法的来源和本国实践经验,是民族特色,常常以“常理”的面目出现;“公理”即公共意识,常常以“常识”的面目出现,除了确定无疑的自然规律之外,其他“公理”中的“常识”在法理角度被称为“经验法则”,其能否作为法理发挥作用均须论证规制。论证程序中的“道理”是具体的根据和理由,能否成为案情依据,需要推断和确信。“常识、常理、常情”来自民众和司法官员内心的良知,是当代法治的灵魂。

情的主客二分，使其呈现了客观方面“情境”之情和情的主观方面“情感”之情。思考情理的当代价值，必将从其客观方面的情境出发，思考当前中国最重要的民情，即民众所处的情境。在此基础上，重点剖析“公众情感”的生存机理，对于深刻领会民众的法律诉求，具有十分重要的现实意义。

深刻思考情理的内在蕴涵，就能够深刻理解如何实现情理与法理的合理衔接，实现情理交融，实现事实、规则与法意的圆融。

（三）情理法是中华族群的特有的法行为样式和法文化模式

以梁治平教授“法律文化解释”理论为基点，顺着范忠信教授的法律史三种研究路径，从三个方面梳理当代法学界对情理法观的文化分析，就可以总结出中华族群在法活动过程中共享的心理态度和行为反应的一般规律和特征，那就是一切的法律活动皆是基于传统差序格局的社会“情境”而作出的行动选择；就可以推导出中华族群与法律最密切关联的生活或行为的样式或模式，那就是“情理考量”法律生活模式；就能深刻体会霍存福教授和范忠信教授对中华族群的法律价值进行的总结性思考——中华族群法律核心价值理念就是“法本人情”和“情法两平”。

（四）情理法文化精神的生长方向是以“道德人文型法治”模式实现“和谐”法理想

情理法观的生长点和生长方向一定要基于社会现实，那就是中国的现代社会转型的整个社会图景，因为这就是当代中国最大最重要的“民情”。

比较分析朱苏力教授、顾培东教授对中国的“法意（法文化精神）”的深入思考，总结张晋藩先生、俞荣根教授、张中秋教授在用什么样的理性力量来思考和解决中国问题上的关注点，能够得到一致的观点：那就是一定要用中国人自身的民族特色的法意，也就是用中国的法思维关注中国人生问题,解决中国现实问题,合理安排中国的人生秩序。

张文显教授和张中秋教授提出以良法善治为表征的“和谐”法理想设计就是“情理法”观念的生长点。“和谐”法理想的理论和实践模式是“道德人文型法治”,也是中华族群实现法治自信和法文化自信的理想模式。所以,可以推导出“揆情(理)入法”,实现事实、规则、法意的圆融就是情理法观的生长路径。在“揆情(理)入法”的实践模式中,姚建宗教授、赵晓耕教授、侯欣一教授基于“法的内在机理”的阐释和陈林林教授基于“可普遍化证成原则”对“经验法则”的逻辑论证是“良法善治”的理论基础。

综上所述,情法交融的路径与方式,尚须继续深入探讨。但毋庸置疑,中国人的情理法观念,是基于伦理理性的一种法文化精神,它完全可以与实证主义形式认知理性相衔接,揆情入法,实现事实、规则和法意的圆融。情理法观的生长方向就是在社会转型过程中用中国的法意关注中国人生问题,解决中国现实问题,安排好中国人的人生秩序,实现中国现代法治“和谐”法理想设计的美好愿景。

# 参考文献

## 一、中文古籍文献


1.(春秋)管仲著,李山译注:《管子》,中华书局 2016 年版。

2.(春秋)老聃著,刘坤编译:《老子》,高等教育出版社 2012 年版。

3.(战国)慎到著,钱熙祚校:《诸子集成·慎子》(第 5 册),上海书店 1986 年版。

4.(战国)商鞅著,石磊译注:《商君书》,中华书局 2011 年版。

5.(西汉)司马迁:《史记》,中华书局 1999 年版。

6.(东汉)班固撰,(唐)颜师古注:《前汉书》,中华书局 1998 年版。

7.(东汉)许慎著,汤可敬撰:《说文解字》,岳麓书社 1997 年版。

8.(西晋)陈寿撰,(南朝宋)裴松之注:《三国志》,中华书局 1999 年版。

9.(南朝宋)范晔撰,(唐)李贤注:《后汉书》,中华书局 1999 年版。

10.(南朝梁)沈约撰:《宋书》,中华书局 1999 年版。

11.(唐)长孙无忌等撰,岳纯之点校:《唐律疏议》,上海古籍出版社 2013 年版。

12.(唐)张鷟著,田涛、郭成伟校注:《龙筋凤髓判》,中国政法大学出版1996年版。

13.(后晋)刘昫等撰:《旧唐书》,中华书局1999年版。

14.(北宋)薛居正等撰:《百衲本旧五代史》,国家图书馆出版社2014年版。

15.(北宋)沈括:《梦溪笔谈》,岳麓书社1998年版。

16.(北宋)程颢、程颐撰,潘富恩导读:《二程遗书》,上海古籍出版社2000年版。

17.(北宋)欧阳修、(北宋)宋祁:《新唐书》,中华书局1999年版。

18.(元)脱脱等撰:《宋史》,中华书局1999年版。

19.(清)纪昀撰,韩希明译:《阅微草堂笔记》,中华书局2014年版。

20.(清)许文濬,俞江点校:《塔景亭案牍》,北京大学出版社2007年版。

21.(清)沈家本撰,邓经元、骈宇骞点校:《历代刑法考(附寄簃文存)》,中华书局1985年版。

22.(清)王先慎撰:《韩非子集解》,中华书局1998年版。

## 二、中文专著类文献

1. 梁漱溟讲演,陈政、罗常培编录:《东西文化及其哲学》,商务印书馆1987年版。

2. 瞿同祖:《瞿同祖法学论著集》,中国政法大学出版社1998年版。

3. 陈顾远:《中国法制史概要》,商务印书馆2017年版。

4. 陈顾远:《中国文化与中国法系——法律史论集》,中国政法大学出版社 2006 年版。

5. 杨鸿烈:《中国法律发达史》,商务印书馆 1933 年版。

6. 钱穆:《新亚遗铎》,生活·读书·新知三联书店 2005 年版。

7. 钱穆:《从中国历史来看中国民族性及中国文化》,香港中文大学出版社 1979 年版。

8. 余英时:《中国思想传统的现代诠释》,江苏人民出版社 2003 年版。

9. 季羡林:《阅世心语》,陕西师范大学出版社 2007 年版。

10. 张晋藩:《中国法律传统与近代转型》,法律出版社 1997 年版。

11. 张晋藩主编:《中国法制史研究综述》,中国人民公安大学出版社 1990 年版。

12. 费孝通:《乡土中国》,北京大学出版社 1988 年版。

13. 俞荣根:《儒家法思想通论》,广西人民出版社 1998 年版。

14. 梁治平:《法意与人情》,海天出版社 1992 年版。

15. 范忠信等:《情理法与中国人》,北京大学出版社 2011 年版。

16. 梁启超原著,范忠信选编:《梁启超法学文集》,中国政法大学出版社 2004 年版。

17. 倪正茂:《批判与重建——中国法律史研究反拨》,法律出版社 2002 年版。

18. 刘作翔:《法律文化理论》,商务印书馆 1999 年版。

19. 李龙主编:《法理学》,人民法院出版社 2003 年版。

20. 程树德:《九朝律考》,中华书局 1963 年版。

21. 程树德撰:《论语集释》,中华书局 1990 年版。

22. 刘建明主编:《宣传舆论学大辞典》,经济日报出版社 1993 年版。

23. 林语堂:《中国人(全译本)》,郝志东、沈益洪译,学林出版社

2001年版。

24. 张警注释:《晋书·刑法志》,成都科技大学出版社1994年版。

25. 阎云翔:《礼物的流动——一个中国村庄中的互惠原则与社会网络》,李放春、刘瑜译,上海人民出版社2000年版。

26. 程帆主编:《我听冯友兰讲中国哲学》,中国致公出版社2002年版。

27. 魏永征:《新闻传播法教程》,中国人民大学出版社2002年版。

28. 尹先敦编著:《历代官署衙门楹联选》,中国文联出版社2003年版。

29. 梁治平:《法律史的视界——梁治平自选集》,广州师范大学出版社2013年版。

30. 林端:《韦伯论中国传统法律——韦伯比较社会学的批判》,中国政法大学出版社2014年版。

31. 赵晓耕主编:《观念与制度:中国传统文化下的法律变迁》,湘潭大学出版社2012年版。

32. 邬国义等撰:《国语译注》,上海古籍出版社1994年版。

33. 朱高正:《易传通解》,华东师范大学出版社2015年版。

34. 胡平生、陈美兰译注:《礼记·孝经》,中华书局2016年版。

35. 王世舜、王翠叶译注:《尚书》,中华书局2012年版。

36. 朱谦之撰:《老子校释》,中华书局1984年版。

37. 张世亮、钟肇鹏、周桂钿译注:《春秋繁露》,中华书局2012年版。

38. 杨伯峻译注:《孟子译注》,中华书局1960年版。

39. 张觉:《荀子译注》,上海古籍出版社2012年版。

40. 陈重业主编:《〈折狱龟鉴补〉译注》,北京大学出版社2005年版。

41. 官箴书集成编纂委员会编:《官箴书集成》,安徽黄山书社1997年版。

42. 未了、文菡编著:《明清法官断案实录》,光明日报出版社1999年版。

43. 中国社会科学院历史研究所宋辽金元史研究室:《名公书判清明集》,中华书局1987年版。

44. 中华人民共和国国务院新闻办公室:《中国特色社会主义法律体系》,人民出版社2011年版。

45. 古敏:《中国古代经典集粹》,北京燕山出版社2011年版。

## 三、中文译著类文献

1. [古希腊]亚里士多德:《政治学》,吴寿彭译,商务印书馆1998年版。

2. [德]汉斯·普维庭:《现代证明责任问题》,吴越译,法律出版社2000年版。

3. [法]卢梭:《社会契约论(权威全译本)》,李平沤译,商务印书馆2017年版。

4. [德]黑格尔:《法哲学原理》,范扬、张企泰译,商务印书馆1961年版。

5. [美]E.博登海默:《法理学——法哲学及其方法》,邓正来、姬敬武译,华夏出版社1987年版。

6. [美]理查德·给波斯纳:《法官如何思考》,苏力译,北京大学出版社2009年版。

7. [美]本杰明·内森·卡多佐:《法律的生长》,刘培峰、刘骁军译,贵州人民出版社2002年版。

8. [美]富勒:《法律的道德性》,郑戈译,商务印书馆2005年版。

9. [美]昂格尔:《现代社会中的法律》,吴玉章、周汉华译,中国政法大学出版社 1994 年版。

10. [日]滋贺秀三等著,王亚新、梁治平编:《明清时期的民事审判与民间契约》,法律出版社 1998 年版。

11. [德]韦伯:《文明的历史脚步》,黄宪起等译,上海三联书店 1997 年版。

12. [法]孟德斯鸠:《论法的精神》,张雁深译,商务印书馆 1961 年版。

13. [美]昂格尔:《现代社会中的法律》,吴玉章、周汉华译,中国政法大学出版社 1994 年版。

## 四、中文期刊类文献

1. 曾宪义、马小红:《中国传统法研究中的几个问题》,载《法学研究》2003 年第 3 期。

2. 张德胜等:《论中庸理性:工具理性、价值理性和沟通理性之外》,载《社会学研究》2001 年第 2 期。

3. 张晋藩:《解读中华法系的本土性》,载《政法论坛》2010 年第 5 期。

4. 张晋藩:《重塑中华法系的几点思考——三论中华法系》,载《南京大学法律评论》1999 年春季号。

5. 张文显:《和谐精神的导入与中国法治的转型——从以法而治到良法善治》,载《吉林大学社会科学学报》2010 年第 3 期。

6. 张文显:《法治中国建设的历史性跨越和突破》,载《领导科学》2017 年第 23 期。

7. 俞荣根:《天理、国法、人情的冲突与整合——儒家之法的内在精神及现代法治的传统资源》,载《中华文化论坛》1998 年第 4 期。

8. 汪习根、王康敏:《论情理法关系的理性定位》,载《河南社会科学》2012 年第 2 期。

9. 霍存福:《中国传统法文化精神论纲》,载《吉林公安高等专科学校学报》2009 年第 5 期。

10. 霍存福:《中国传统法文化的文化性状与文化追寻——情理法的发生、发展及其命运》,载《法制与社会发展》2001 年第 3 期。

11. 徐显明、齐延平:《法理学的中国性、问题性与实践性》,载《中国法学》2007 年第 1 期。

12. 范忠信:《"期待之可能性"与我国刑事法的"法治圣贤定位"——从"亲亲相隐"的角度观察》,载《广东社会科学》2010 年第 2 期。

13. 范忠信:《中西法律传统中的"亲亲相隐"》,载《中国社会科学》1997 年第 3 期。

14. 张中秋:《概括的传统中国的法理观——以中国法律传统对建构中国法理学的意义为视点》,载《法学家》2010 年第 2 期。

15. 张中秋:《传统中国法的精神及其哲学》,载《中国法学》2014 年第 2 期。

16. 张卫平:《彭宇案与"常理"(代卷首语)——谈民事诉讼中经验法则的运用》,载《司法改革论评》2008 年第 1 期。

17. 姚建宗:《法的哲学理解》,载《长白论丛》1997 年第 1 期。

18. 苏力:《"法治中国何以可能"背后:伪假定 VS 真命题》,载《探索与争鸣》2016 年第 10 期。

19. 谢晖:《法治思维中的情理和法理》,载《重庆理工大学学报(社会科学版)》2015 年第 9 期。

20. 陈忠林:《"恶法非法"——对传统法学理论的反思》,载《社会科学家》2009 年第 2 期。

21. 王人博、朱健:《“舆论审判”还是“媒体审判”? ——理念辨析与解决之道》,载《阴山学刊》2007 年第 2 期。

22. 王利明:《法治:良法与善治》,载《中国人民大学学报》2015 年第 2 期。

23. 杨国荣:《说“道理”》,载《世界哲学》2006 年第 2 期。

24. 顾培东:《“公众判意”的法理解析——对许霆案的延伸思考》,载《中国法学》2008 年第 4 期。

25. 李正斌:《天理・国法・人情》,载《北京人大》2012 年第 8 期。

26. 杨中芳、彭泗清:《中国人人际信任的概念化:一个人际关系的观点》,载《社会学研究》1999 年第 2 期。

27. 刘珂:《人情与法——以古代中国传统为背景》,载《法制与社会》2010 年第 10 期。

28. 王志强:《南宋司法裁判中的价值取向——南宋书判初探》,载《中国社会科学》1998 年第 6 期。

29. 冯书泉:《构建和谐社会必须关注弱势群体》,载《人民论坛》2005 年第 2 期。

30. 陈林林、王云清:《论情理裁判的可普遍化证成》,载《现代法学》2014 年第 1 期。

31. 赵晓耕:《儒的法律化——冲突与融合》,载《山西大学学报(哲学社会科学版)》2001 年第 3 期。

32. 陈景良、张中秋:《试论中国传统法文化在现代法制中的意义》,载《江苏社会科学》1992 年第 4 期。

33. 陈景良:《礼法传统与中国现代法治》,载《礼法研究》2015 年第 10 期。

34. 陈景良:《突出“民族性”是中国民法典编纂的当务之急》,载《法商研究》2017 年第 1 期。

35. 吕丽:《文化碰撞中的选择:中国传统礼仪法文化在近现代的变革》,载《当代法学》2009 年第 6 期。

36. 孙国华、许旭:《法是"理"与"力"的结合》,载《法学家》2001 年第 3 期。

37. 龙大轩:《法 · 权 · 情——中西传统法律文化比较研究之一》,载《宁夏社会科学》1994 年第 5 期。

38. 顾文斌:《中国传统民事法律的情理观及其当代价值》,载《政法论丛》2012 年第 6 期。

39. 时显群:《行政执法中法律与情理的冲突及其处理》,载《中国行政管理》2011 年第 11 期。

40. 张本顺、陈景良:《试论中国古代司法传统中的善治艺术》,载《兰州学刊》2017 年第 3 期。

41. 苏亦工:《唐律"一准乎礼"辨正》,载《政法论坛》2006 年第 6 期。

42. 苏亦工:《法治与和谐理念的文化渊源及其前景》,载《法学论坛》2009 年第 2 期。

43. 孙笑侠:《中国法的"形"与"神"——对中国法传统及其现代化的另一种思考》,载《清华法治论衡》2000 年第 11 期。

44. 侯欣一:《从伦理规则到生活法则——中国传统法律制度是另类解读》,载《法律科学(西北政法学院学报)》2006 年第 6 期。

45. 黄宗智:《道德与法律:中国的过去和现在》,载《开放时代》2015 年第 1 期。

46. 陈景良:《汲取传统中国的法治资源》,载《人民日报》2014 年 11 月。

47. 赵晓耕:《关注传统法律的精神意蕴》,载《人民日报》2009 年 8 月。

48. 赵晓耕:《立法是教人向善的艺术》,载《人民日报》2016 年 1 月。

49. 侯欣一:《法治与和谐社会的构建》,载《光明日报》2006 年 12 月。

50. 侯欣一:《在与民意的良性互动中提升司法公信力》,载《人民法院报》2013 年 4 月。

51. 吕丽:《独树一帜的中国古代法》,载《检察日报》2011 年 6 月。

52. 徐显明:《和谐社会中的法治》,载《文汇报》2006 年 11 月。

53. 徐显明:《以人为本:法治观念的革命》,载《人民日报》2006 年 11 月。

54. 徐显明:《法治建设中的和谐》,载《人民日报》2005 年 12 月。

## 五、学位论文类

程苗:《韦伯形式理性法理论之评析——兼论建构充分理性的中国法》,吉林大学 2011 年博士学位论文。

## 六、外文文献

Philip & Bob-bitt, *Constitutional Fate: Theory of the Constitution*, Ox-ford University Press, 1982.